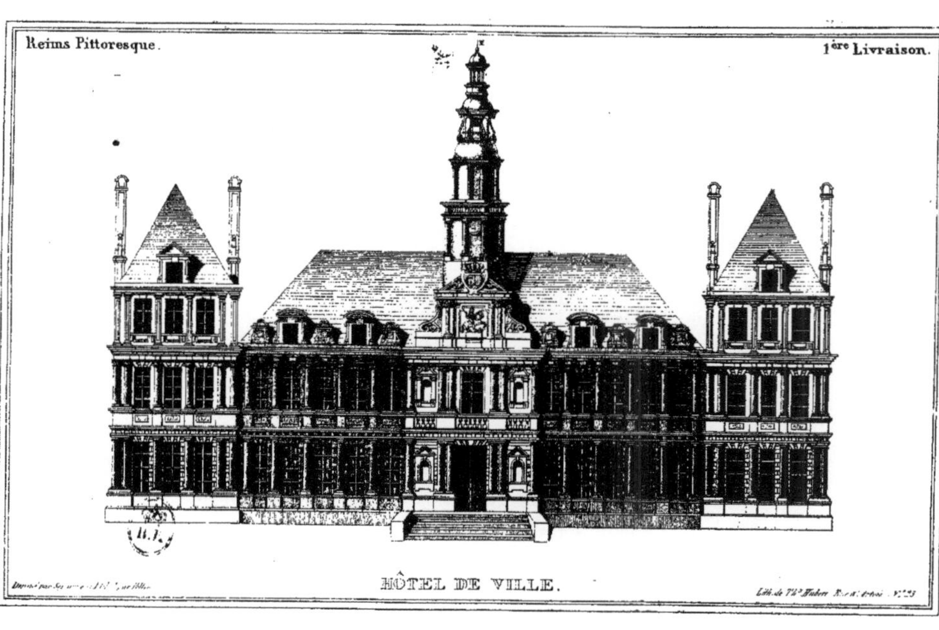

HÔTEL DE VILLE.

PITTORESQUE,

Ancien et Moderne.

A Haut & Puissant Seigneur,

LE PUBLIC SOUVERAIN.

MONSEIGNEUR,

Le désir ardent de vous agréer m'a seul engagé à vous retracer, sous le titre de *Reims pittoresque*, quelques scènes de l'histoire de votre antique, belle et somptueuse cité. Autrefois les auteurs offraient leurs ouvrages aux Souverains, aux Princes, aux Empereurs, aux Grands de la terre. Je n'ai fait que suivre cet exemple en vous dédiant aujourd'hui mon *Reims pittoresque*, car, à vrai dire, vous êtes le seul Souverain, le seul Empereur, le seul Grand de la terre auquel un auteur, un libraire puisse aujourd'hui convenablement se recommander. Dans la résolution qu'on m'a inspirée de mettre ces études historiques sous presse, j'ai cru ne pouvoir faire plus sagement que de les confier à la protection de VOTRE ALTESSE. Pourrais-je placer en de meilleures mains le sort d'un ouvrage dont vous seul devez assurer le succès? Je n'entreprendrai pas, MONSEIGNEUR, de faire ici l'éloge de VOTRE ALTESSE; son rare mérite connu des éditeurs assez heureux pour lui agréer, est au-dessus de tout ce que j'en pourrais dire. Tant d'éminentes qualités m'ont fait prendre la hardiesse de vous présenter ce petit ouvrage. Quelque peu de prix qu'il ait, paraissant sous votre grand nom, j'espère que sa destinée sera telle que les meilleurs et les plus savans auteurs lui porteront envie : mais quels que puissent être les sentimens qu'il fera naître chez VOTRE ALTESSE, j'aurai du moins cet avantage d'avoir fait connaître que j'ai l'honneur d'être, avec le plus parfait dévouement et le plus profond respect,

MONSEIGNEUR,

DE VOTRE ALTESSE,

Le très-humble
et très-obéissant Serviteur,

L'ÉDITEUR.

L'HOTEL-DE-VILLE.

Sorti de la presse un peu plus tôt, le *Reims pittoresque* eût sans doute consacré son premier numéro à quelque monument du culte; à l'église métropolitaine, ou à l'abbaye de St.-Remi; à l'université peut-être, ou bien à l'Hôtel-Dieu, mais à coup sûr il n'eût point pris pour sujet celui que nous adoptons aujourd'hui, l'*Hôtel-de-Ville*.

Qu'était-ce du temps de Nicolas Bergier que l'Hôtel-de-Ville? vous le chercheriez en vain dans *le Dessein de la ville de Reims*. La table chronologique de Pierre Cocquault ne vous en dirait pas davantage, et le chanoine Anquetil vous parlerait à peine du *conseil de ville*, qui vers la fin du 17.me siècle fut réuni à l'échevinage.

C'est qu'en réalité l'Hôtel-de-ville alors n'existait pas. L'échevinage et le conseil, dont les attributions portèrent si souvent ombrage à l'omnipotence ecclésiastique, n'étaient qu'un acheminement à cette salutaire institution à qui le nom de *Commune* conviendrait si bien, qu'un instant on appela *Municipalité*, et qu'aujourd'hui nous nommons *Hôtel-de-Ville*.

Ouvrez les annales du peuple en France, vous y verrez des luttes réitérées, opiniâtres, continuelles entre le pouvoir constitué, la monarchie, et le pouvoir constituant, le peuple. Que de sang versé! que de larmes répandues! et tout cela, pour une question: question grave, il est vrai! question sérieuse, s'il en fut jamais! question immense d'où devait dépendre, non la destinée d'un prince, non l'avenir d'une génération, mais la destinée des monarchies, mais l'avenir des peuples!

Municipalités, commune, Hôtel-de-Ville, que de souvenirs ces mots-là réveillent! Est-ce que toute l'histoire du moyen âge en France ne se résume pas à vos yeux dans celle des libertés municipales? si vous avez, par aventure, oublié ces grandes associations populaires des 12.me et 13.me siècles contre le despotisme et l'anarchie féodale, les terribles et sanglantes éphémérides de 1793 ne vous rappelleront-elles pas la *commune?* Et faut-il vous citer 1830 pour vous donner à entendre le rôle auquel est désormais appelé l'*Hôtel-de-Ville?*

Mais si l'Hôtel-de-Ville est devenu le champ où se décident les plus hautes questions de l'état civil, c'est surtout depuis que la société l'a rendu comptable de la vie et de la mort de chacun de ses membres: c'est depuis qu'elle l'a chargé de tenir livre ouvert de l'arrivée et du départ de tous les voyageurs auxquels la providence a permis le pèlerinage terrestre: depuis que la vie et la mort sont venues lui donner le signalement de chacun de nous. N'est-ce pas en effet dans les bureaux de l'Hôtel-de-Ville qu'est ouvert ce livre immense et sans nom d'auteur, dont les premiers tomes sont perdus, et dont personne de nous ne lira les derniers? livre bizarre et prodigieux, d'ivresse et d'illusions pour les uns! de misère et d'angoisses pour les autres! livre inintelligible pour tous et que chacun pourtant veut comprendre! livre où viennent s'inscrire, à tour de rôle, et les riches et les pauvres, et les puissans et les faibles, et les bons et les méchans! livre en partie double (aux feuillets multiples), livre de vie, livre de mort auquel une fois déjà nous avons tous donné nos noms, et qui doit nous les demander encore une dernière; livre que les anciens eussent poétiquement appelé *le livre du destin*, et que nous autres, gens prosaïques et positifs, nous nommons avec toute la vulgarité possible, *le livre*, ou plutôt *le registre de l'Etat-Civil ! !*

Mais, avant toute mention du monument dont la lithographie s'est chargée de reproduire les formes, il nous a paru de nécessité de dire quelque chose, et de son origine et de son histoire : pour cela, il nous faut remonter à l'Echevinage et au Conseil de Ville, car c'est à ces deux institutions que les franchises municipales doivent leur premier développement.

Autrefois et chez nos ancêtres les plus reculés, chaque ville avait, comme aujourd'hui, sa police et son administration, ses officiers et ses fonctionnaires. Ils portaient le titre de *défenseurs de la cité.* On les chargeait de maintenir les priviléges et les libertés populaires, de veiller aux intérêts du commerce, de régler les recettes et les dépenses, en un mot, de surveiller l'emploi de la fortune publique. César, dans ses commentaires, parle des magistrats de la cité de Reims : *Senatum Remensem ad se venire jussit.* Ce sénat n'était rien autre chose qu'un conseil de notables élus par le peuple, qui leur conférait le droit d'exercer les fonctions magistrales, durant un an seulement et les obligeait, après ce délai, aux nouvelles chances de l'élection. Les antiquaires ont expertement démontré que les Rémois ne perdirent jamais ce droit d'élire leurs magistrats : quand au baptême de Clovis la ville de Reims, précédemment soumise aux Romains, passa sous la domination des Francs, le sénat vit, il est vrai, son autorité resserrée dans l'enceinte de la ville, mais il n'en fut pas du moins dépouillé, et les habitans restèrent en jouissance de leurs lois, de leurs coutumes et notamment du droit d'élire annuellement leurs magistrats.

Ces priviléges ne furent nullement contrariés tant que les rois de France conservèrent sur le pays Rémois leur droit de souveraineté : et généralement en France, les choses demeurèrent dans un semblable état jusqu'à la fin de la première race. Les comtes, les ducs nommés par le prince, n'étaient guère que des lieutenans, puisqu'ils n'avaient point pour eux l'hérédité. Mais, durant la seconde race, la France envahie par les Normands vit ses villes saccagées, disparaître sous des monceaux de cendres et de ruines. Les populations effrayées se réfugièrent à l'ombre des châteaux et des forteresses dont elles réclamèrent l'appui. Alors se fit un pacte entre l'homme faible dont la maison brûlait, et l'homme fort dont les créneaux bravaient l'ennemi. Le paisible citoyen pour obtenir protection du guerrier châtelain, mit ses biens, son bras, sa famille en gage, et delà naquirent le vasselage et la féodalité.

Plus tard, quand la couronne, délivrée des Normands, voulut reconquérir son indépendance et les droits usurpés par d'orgueilleux vassaux, n'osant attaquer de front les châtelains, elle eut recours tantôt au peuple, tantôt au clergé : au peuple, en affranchissant les serfs, au clergé, en dotant l'église de richesses et de priviléges.

Louis d'Outremer désirant se gagner les services et l'appui d'un certain Artauld, archevêque, fit l'abandon à ce prélat et à ses successeurs, de la seigneurie temporelle du pays Rémois avec le titre de comte et le droit de battre monnaie. Cette importante donation date de l'an 940.

L'église de Reims, maîtresse du temporel, ne tarda point à se trouver gênée de l'autorité des magistrats citoyens. Pour en diminuer les attributions elle établit à sa convenance et à sa dévotion, des gardes, des officiers, qui, sous le titre de prévôts et de baillis, s'emparèrent de la juridiction dans les bourgs, les villages, puis l'étendirent jusque dans la cité, empiétant chaque jour sur les droits et les fonctions des juges populaires. Les plaintes et les réclamations vinrent en foule : mais les baillis une fois saisis de la justice, ne tardèrent pas à contester aux habitans jusqu'au droit d'élection : « en effet, disaient-ils, partout la justice appartient au souverain, lui seul peut instituer des magistrats, lui seul a le droit de sceaux : nulle autorité ne peut donc émaner que de lui.»

Les échevins, car déjà ce mot figure dans l'histoire du temps, répondaient « que les libertés dont ils étaient l'expression précédaient la souveraineté royale, que la couronne n'avait pu céder à l'archevêché des droits qu'elle ne possédait pas : qu'il n'était pas sans exemple d'ailleurs, que la terre appartînt au seigneur et le droit de juridiction aux habitans». . Ces contestations devaient avoir les conséquences les plus graves, aussi vit-on bientôt naître d'étranges désordres, de tumultueux soulèvemens, de tristes et fatales catastrophes. Il arrivait que les habitans opprimés, vexés par les gens du siége, ne trouvaient d'autre remède à leurs maux que l'insurrection; habituellement on profitait de l'absence du prélat pour commencer le tumulte. Le peuple s'ameutait, puis insultait les gens d'église : ceux-ci prenaient les armes; la noblesse donnait main-forte au château : bientôt l'église, les tours de Notre-Dame, la forteresse et les possessions monacales étaient attaquées, défendues, parfois surprises, incendiées, mises au pillage : parfois aussi les habitans pressés, serrés, attaqués de toutes parts abandonnaient la ville, se réfugiaient dans les campagnes et refusaient de rentrer dans la cité plutôt que de renoncer à des priviléges qu'ils disaient posséder de temps immémorial. — Une fois, c'était vers 1162, sous la prélature d'Henri de France, de cet archevêque impérieux, fils et frère de rois, qui n'avait abdiqué les titres et les dignités de sa naissance, que pour puiser dans les austérités cléricales une soif plus dévorante de pouvoir et de despotisme : le peuple Rémois, menacé de perdre ses dernières franchises, s'était soulevé :

battu par les troupes de l'archevêché jointes aux troupes royales, il s'était réfugié dans les bois qui dominent Epernay : la ville livrée aux horreurs d'une prise d'assaut, incendiée, démantelée, mise au pillage se voyait réduite à capituler : d'augustes médiateurs crurent devoir s'interposer. Un dédommagement de quatre cent cinquante livres fut offert au prélat; c'était moins du quart des pertes endurées par l'archevêque lui-même, lors du tumulte. Cependant le fougueux Henri parut s'en contenter, car les habitans renonçaient en même temps au droit d'échevinage, et déclaraient se contenter des garanties que leur laissait la commune. — Ces garanties, en fait, devenaient illusoires : les Rémois en consentant à l'abolition de l'échevinage laissaient périr un droit antérieur à la souveraineté archiépiscopale. Tandis que la commune, d'institution moderne, relevait de l'église ou du moins ne pouvait songer à balancer son autorité : Louis VII l'avait formellement déclaré dans ses lettres de confirmation : *Nous vous avons accordé une commune*, avait-il écrit aux Rémois, *mais toujours sauf le droit de l'archevêché et des autres églises.*

Privés de leurs défenseurs naturels, les Rémois affaiblis par leurs pertes récentes, accablés d'impôts, se virent soumis à tout genre d'humiliations. Les gens de l'archevêché insultaient les bourgeois, pressuraient le peuple, faisaient la police d'intérieur, s'emparaient des tours, des fossés, des remparts dont la garde était confiée aux soins de la commune; en un mot, à la mort d'Henri de France, les libertés municipales entièrement étouffées, laissaient aux archevêques la puissance la plus illimitée.

Mais quoique vaincus, altérés, les Rémois pouvaient se relever de leur abaissement. La commune, bien qu'humiliée, subsistait au moins de nom, et ce nom seul pouvait suffire à réveiller les masses, à rendre au peuple cette énergie d'enthousiasme et de férocité qu'il recouvre au moins une fois dans ses plus rudes adversités. La commune de Laon venait d'en donner un fâcheux exemple : au milieu d'une émeute témérairement excitée, elle avait massacré son évêque; homme cruel, à la vérité, mais dont les torts ne devaient pas faire oublier le sacré caractère.

Guillaume de Champagne occupait le siége archiépiscopal. Oncle de Philippe-Auguste, ce prélat généreux et magnanime, sentit que cette omnipotence de l'église pouvait un jour lui devenir fatale. Il prévit qu'à défaut du tribunal légal, ami de la paix, intéressé au maintien de l'ordre, devant lequel le peuple naguère obtenait justice, la multitude finirait par s'en ériger un nouveau, dont les attributions fixées par le caprice des masses, ne manqueraient pas d'attenter aux droits réels de l'église, et de plonger la cité dans les plus horribles malheurs. C'est animé de cet esprit de justice et de prévision, que Guillaume *aux Blanches Mains* rétablit de lui même l'échevinage de Reims, et délivra aux habitans la charte célèbre de 1182, qui prit le nom de son auteur, la charte Wilhelmine, dont l'original est encore aujourd'hui l'un des monumens le plus précieusement conservés au cartulaire de notre Hôtel-de-Ville.

Depuis cette époque, le sort de l'échevinage et des libertés municipales fut assuré. Quelques prélats ambitieux, turbulens, essayèrent, mais en vain, de détruire l'ouvrage de Guillaume de Champagne. Le fougueux Henri de Braine lui-même, dont le règne orageux fut si fatal aux Rémois, échoua dans les tentatives qu'il fit de rendre à l'archevêché le droit exclusif de juridiction et la part d'autorité dévolue par la charte Wilhelmine, aux gens de l'échevinage de Reims.

Ce fut vers 1358 que le conseil de ville, créé par lettres de Charles V, fut adjoint et réuni aux échevins. Ce conseil précédemment établi avait, dans ses attributions, l'inspection, la garde et la défense des portes et des remparts.

Du temps de Bergier, le savant auteur des *grands Chemins de l'Empire romain*, l'échevinage se composait de douze personnes qui, nommées par voie d'élection et après serment prêté, se retiraient immédiatement en leur chambre de ville *au Marché aux Chevaux*, pour nommer aux divers grades de l'échevinage et fixer les fonctions de chacun d'eux dans le gouvernement des affaires de la ville. Il y avait d'abord le prévôt, chef du corps, qui présidait les assemblées: deux membres étaient nommés pour la surveillance et l'entretien des chaussées, des édifices et des voies publiques; deux pour l'administration des hôpitaux; deux avaient le titre et les fonctions d'avocat des habitans et deux, enfin, restaient préposés à la garde du cartulaire et des archives.

L'échevinage se renouvelait par sixième, de façon que chaque année sortaient deux membres anciens qui cédaient la place à deux membres nouveaux.

Chez nous autres français, *modernes athéniens*, il n'est pas une institution utile, une fonction honorable, que le sarcasme et la raillerie aient épargnée. Le 18.me siècle, avec son athéisme froid et moqueur, attaqua toutes les conventions sur lesquelles reposait l'édifice d'une société séculaire, se prit corps-à-corps avec chacune de ses institutions, puis en démolit pièce à pièce le vaste échafaudage. Dans cette effroyable débâcle des élémens constitutifs, l'échevinage fut un des premiers emporté. Déjà depuis long-temps il avait été le point de mire des grands démolisseurs : l'école voltairienne l'avait écrasé sous le ridicule. « Un bourgeois, écrivait Mercier, est au » terme de sa gloire quand il devient » échevin : il est rassasié d'honneurs » quand il voit une rue porter son » nom.... Les échevins tuméfiés » du poids ds leur grandeur, et dont

» les noms attachés sur le marbre » des monumens publics doivent » éternellement figurer au-dessous » du nom des rois régnans, sont ja- » loux de transmettre leurs traits à » la postérité. Ils font en consé- » quence peindre leur figure et leur » perruque dans de grands tableaux: » on les y voit en robe rouge, age- » nouillés devant le monarque. — » On peut contempler dans l'Hôtel- » de-Ville les inutiles portraits de » tous ces échevins, mais on y cher- » cherait vainement le portrait de » l'homme utile qui a imaginé le » flottage de bois. J'aimerais néan- » moins tout autant connaître son » nom et sa figure que celle de Jé- » rôme Bignon.... L'échevinage » donne la noblesse, mais on s'en » moque, etc. »

L'article 1.er de la loi du 14 décembre 1789, supprima dans toute la France les municipalités connues, soit sous le nom d'*échevinage*, soit sous tout autre; et ordonna qu'il en serait formé d'autres par un nouveau mode électoral, et pendant les dix années qui suivirent, on nomma, par nouvelle voie d'élection, d'abord les maires et officiers municipaux, ensuite les agens, adjoints et administrateurs des communes, qui ont pendant tout ce temps remplacé les échevins, non dans toutes leurs attributions, mais seulement dans les fonctions municipales, proprement dites.

La constitution du 5 fructidor an III établit des administrations municipales par canton : et le premier des administrateurs ne prit plus le nom de maire mais celui de président. Cette administration siégeait au chef-lieu de canton. Il n'y eut plus alors dans les autres communes que des agens tout à la fois, membres de l'administration et subordonnés à ses ordres.

Aujourd'hui, et depuis la loi du 28 pluviôse an VIII, les fonctions municipales sont exercées en partie par les sous-préfets, en partie par les maires et conseillers municipaux.

¶ Nous allons maintenant reproduire ici tout ce que nous avons recueilli sur l'histoire matérielle de l'Hôtel-de-Ville de Reims. -- Avant la construction de ses salles, les assemblées du conseil se sont tenues successivement en plusieurs endroits, notamment en la maison du Temple, au cloître ou en la salle des Cordeliers, puis dans le chapitre et le cloître de Notre-Dame, et même dans le palais de l'archevêché.

¶ La place de l'Hôtel-de-Ville avec une maison située au *Marché aux Chevaux*, où pendait pour enseigne *le Blanc-Lyon*, avec deux petites maisons y attenantes et faisant le coin de la rue *des Ecrevés*, fut vendue aux habitans de la ville, moyennant la somme de 1,100 livres, le 8 juin 1499. La maison principale, dit, à ce sujet, le savant Bergier, était chargée de 8 livres tournois de rente envers les chapelains de l'église *St.-Pierre-le-Vieil*.

Le 11 février 1542 la ville aliéna cette propriété en vendant avec faculté de réméré, l'une des deux petites maisons attenante au *Blanc-Lyon*, moyennant la somme de 600 livres, au sieur Nicolas Forest, qui le 28 février 1558 fit un transport de cette maison à la veuve Josseteau, au même prix de 600 livres : et le 4 mai 1577 la ville en fit le rachat moyennant la somme de 1,012 livres, tant pour prix principal, que pour indemnité des améliorations qu'y avait exécutées la veuve Josseteau.

L'autre petite maison fut également vendue, transportée, puis enfin, rachetée par le conseil de ville.

Ce n'est qu'en l'année 1607 qu'il fut question d'élever les bâtimens de l'Hôtel-de-Ville. Les plans et le dessin en furent dressés, et le célèbre E. Moreau se chargea d'en exécuter la gravure. — Cette estampe, dont la planche est conservée au cartulaire, a pour titre : *Le somptueux et magnifique édifice de l'Hôtel-de-Ville de Reims*. Elle est dédiée en ces termes : A Messieurs les lieutenant, gens du conseil et eschevins de la ville : « Messieurs, j'ose » bien me promettre que ce petit ou» vrage ne vous sera pas désagréa» ble, puisqu'il tire de vous son ori» gine, vous en estes les auteurs, je » n'en suis que le copiste : c'est donc » à vous de le reconnoistre, de peur » qu'on ne m'accuse de larcin, s'il » paroissoit sans vostre aveu ; quoy» que ce me serait un crime innocent, » et une faute glorieuse, de donner à » tout le monde ce qui vous appartient » sans vous l'oster ; vous l'avez fait si » grand et si admirable en son origi» nal, que cela m'a donné l'envie de » le raccourcir comme vous voyez, » *outre qu'ayant fait voir au public,* » *tous les vieux miracles de votre* » *ville,* je n'ay deu le priver de cette » nouvelle merveille, sous la faveur » de laquelle tous les défauts des au» tres peuvent estre à couvert. Ne crai» gnez pas que s'il va jusque dans les » cabinets de nos ennemis, il y porte » les secrets de vostre chambre et les » fidèles résolutions qui s'y prennent » pour le service de Nostre Très-Juste » et Très-Heureux Monarque ; nos fi» gures sont muettes, sinon en ce qui » est de publier vostre magnificence et » l'obligation que j'ay de me dire, » Messieurs, *Vostre très-humble et* » *très-obéissant serviteur,*

» E. Moreau »

Cette gravure, à quelques ornemens près, est l'exacte représentation du monument tel qu'il existe aujourd'hui ; cependant il n'en fut exécuté de 1607 à 1609 qu'une faible partie, c'est-à-dire une aile, et le corps du milieu. La Ville s'était trouvée en état de faire cette première dépense par le recouvrement qu'elle venait d'obtenir des deniers avancés par elle, lors de l'emprunt fait par le Duc de Guise, à l'époque des guerres de la Ligue. Le 18 Juin 1627, le pavillon occidental fut commencé : « Au conseil, » dit le procès-verbal, « où présidait Monsieur Les» pagnol, lieutenant des habitans, a » esté ledit sieur lieutenant, supplié » de prendre la peine d'asseoir la pre» mière pierre de fondation du pa» villon de l'Hostel-de-Ville ; et pour

» faire assembler le corps de céans, » pour l'accompagner et faire telle » cérémonie qu'il trouvera à propos. » — Et ledit jour, environ les six » heures de relevée, ledit Sieur lieu- » tenant accompagné de Messieurs du » Conseil, a assis la première pierre » dudit pavillon neuf, qui est sur le » coin de la rue en retournant *aux » Escrevées.* Quoy faisant, fut sonné » les trompettes qui estoient au dosme » de l'horloge de l'ancien Hostel-de- » Ville, tiré deux douzaines de pé- » tards, qui furent mis sur la platte- » forme de porte Mars, et en après » crié *vive le Roy!* »

Le 14 Juillet 1711, le conseil fit acquisition d'une maison sise à la place Royale, faisant hache, *dans l'hostel commun de la ville et en laquelle pend pour enseigne le Saulmon de Hollande* : toutefois les constructions en restèrent où elles étaient.

Suivant le plan, l'édifice devait être divisé en trois parties : le corps du bâtiment et deux ailes ou pavillons, dont la longueur devait être de 11 mètres, ou environ 33 pieds pour chaque aile, et la façade de 61 mètres, ou 184 pieds dans toute sa longueur. — Il n'exista jusqu'à la restauration que le pavillon gauche et le corps de bâtiment. C'est en Juin 1823, et sous l'administration de M. Ruinart de Brimont, que les travaux ont été repris avec une telle activité, qu'au 29 mai 1825, *(sacre de Ch. X)*, les nouvelles salles ont pu être mises à la disposition des autorités.

Le corps principal de l'édifice n'a qu'un étage, les pavillons en ont deux. Le vestibule à colonnes d'ordre dorique, est orné d'un balcon en pierre qu'accompagneraient fort bien les quatre statues que réclament les niches pratiquées au-dessous et au-dessus de ce balcon.

On compte soixante-huit colonnes tant corinthiennes que doriques et ioniques dans la décoration de la façade : elle est terminée par deux pavillons qui ne manquent ni de grâce ni de majesté; mais la partie la plus svelte et la plus élégante est celle du milieu. On y remarque en relief, la statue équestre de Louis XIII, sous le règne duquel la première partie de l'édifice fut achevée. Cette statue est placée à la naissance du clocher, entre deux colonnes torses magnifiques et surmontées de l'écusson et de la couronne de France. Une jolie campanille qui s'élève dans les airs avec une certaine hardiesse, termine le tout et présente à l'œil le plus gracieux ensemble.

Sur le socle où pose la statue équestre de Louis XIII, est gravée l'inscription suivante :

LUDOVICO JUSTO,
PIO, VICTORI, CLEMENTI
QUI GALLORUM AMOR, HOSTIUM TERROR
ORBIS DELICIÆ
ÆTERNUM TROPHOEUM S. P. Q. R. P. P.
ANN. M.DC.XXXVI.

A Louis le juste, le pieux, le victorieux, le clément,
l'objet de l'amour des Français, la terreur de ses ennemis,
et les délices du monde; — le sénat et le peuple rémois ont élevé
cet éternel trophée, an. 1636.

Les nouvelles constructions sous la surveillance et direction de M. Serrurier, architecte de la ville, furent confiées aux soins de M. Troyon, secondé de M. Torterat père. Obligés de suivre l'ancien plan, ces artistes ont réuni l'élégance à la solidité, et opéré quelques changemens que l'œil distingue à peine. Il n'y reste plus à exécuter, pour l'entier achèvement de l'édifice, que certaines sculptures dont le défaut forme une faible disparate avec la partie ancienne. Le danger que présentait la pente rapide des combles a été évité par l'exhaussement de la corniche et de l'entablement : l'architecte a raccourci et diminué à l'œil, la pente rapide des combles, ce qui rend les réparations plus faciles.

¶ L'auteur d'un *journal*, (*manuscrit*) *de ce qui s'est passé dans l'Hôtel-de-Ville*, (de 1669 à 1676,) raconte « qu'auparavant que les gens » du conseil eussent pris la résolu- » tion de bastir une *Maison de Ville*, » qui pût respondre à la noblesse de » la cité de Reims, ce qu'on appe- » loit pour lors Maison de Ville, es- » toit un lieu qu'on n'auroit pas » voulu faire veoir à aucun étranger, » tant il estoit indigne d'une ville » qui, hors une Cour de Parlement, » est remplie de tous les autres » avantages qui rendent les villes » considérables et éclatantes. Tou- » tesfois, si l'on avoit suivi le » sentiment de M. Nicolas Les- » pagnol, alors premier magis- » trat de la ville, on ne se seroit » pas engagé dans des frais aussi » énormes que ceux qu'entraînèrent » les diverses acquisitions et entre- » prises faites à ce sujet : soit qu'il » eust répugnance à entreprendre » de si grands bastimens, soit par » la raison qu'à cette époque, les » fonds du quart de la dépense » ne se trouvoient pas dans l'espar- » gne ; et en effect, depuis cette » entreprise, la ville ne s'est jamais » vue sans debte. « Cependant, ajoute l'auteur, » quoiqu'elle y soit » encore à présent, je suis dans le » sentiment que si l'entreprise pou- » voit s'achever, il seroit de l'hon- » neur de la ville de la faire. »

¶ Il paraît d'après une note trouvée dans les manuscrits de Nicolas Bergier, que le corps de bâtimens acheté par le conseil en 1499, avait antérieurement appartenu à un certain Jean Léveillé, alors grenetier de la ville de Reims. » Il estoit fait » mention de cet homme, » dit Bergier, » sous paroles couvertes, » en la verrière haute de la demi- » croisée de la chambre du conseil » où estoient ses armoiries, avec » cette devise autour :

D'un endormi prends le contraire,
Tu nommeras la créature,
Qui cy m'a fait mectre et pourtraire,
Et qui me porte par droicture.

¶ Si vastes que paraissent au premier coup d'œil les dimensions de l'Hôtel-de-Ville, il est certain que l'emplacement y est fort restreint pour chacune des administrations on a trouvé le moyen d'y renfermer. On y trouve en effet les bureaux de la Mairie, les salles du conseil de réception; les salles et auditoire du tribunal civil, du tribunal de police correctionnelle et de la cour d'assises; les archives judiciaires; les actes civils; le bureau militaire; le bureau des contributions, de la police municipale; les bureaux de charité, de la caisse d'épargne, du conseil des prud'hommes; la bibliothèque et le cartulaire de la ville; le corps de garde, et le conseil de discipline de la garde nationale.

¶ On sait que les tribunaux, accueillis provisoirement par l'Hôtel de-Ville, n'attendent plus pour laisser libres les salles qu'ils occupent qu'un emplacement digne de les recevoir. Quoique la nature de nos goûts et de nos études nous fasse amèrement déplorer la chute de l'ancien Hôtel-Dieu, de ce monument illustré par tant de souffrances, de vertus et de résignation, nous émettons cependant le vœu qu'on en finisse au plus tôt avec ces ruines dont le cœur est attristé, mais d'où, nous dit-on, doit enfin sortir ce palais de justice promis depuis si longtemps. C'est alors, qu'à la place des honorables hôtes auxquels l'Hôtel-de-Ville a si généreusement donné l'hospitalité, nous pourrions voir s'ouvrir un musée où seraient exposés les objets d'art, les tableaux, les tapisseries qui restent, dit-on, épars dans les divers établissemens de la ville, et dont le public est privé. » On pourrait encore, » ainsi que le dit l'honorable M. Dérodé-Géruzez, (*Observations sur les monumens de la Ville de Reims*,) » utiliser les salles inhabitées en les consacrant à l'agrément des habitans, et en rétablissant ces concerts qui faisaient le charme des soirées de nos pères, en même temps qu'ils contribuaient à entretenir l'émulation parmi nos artistes, et le goût de la musique parmi les jeunes gens. »

¶ L'horloge placée dans l'élégant clocher de l'Hôtel-de-Ville, est sortie en 1826, des ateliers de l'école des arts de Châlons-sur-Marne. On s'accorde à la reconnaître comme un véritable chef-d'œuvre de l'art.

¶ Lorsqu'en 1804, le premier Consul vint à passer à Reims, la municipalité jugea le moment favorable pour remettre à la place de la statue équestre de Louis XIII, détruite pendant la révolution, une inscription, en l'honneur du grand homme qui tenait alors dans ses mains les destinées de la France. Bientôt donc on lut sur la façade de l'Hôtel-de-Ville cette inscription qui ne devait pas non plus y rester éternellement :

IMMORTALI VIRO
NAPOLEONI BONAPARTE
PRIMO CONSULI
ÆDES NOSTRAS
SUA PRO CIVIUM VOTO
PRÆSENTIA
NOBILITANTI
S. P. Q. R.
ANN. REIP. XII. (1804).

Biographie.

P. RAINSSANT. — *Médecin, Echevin de la Ville de Reims, — Garde des Médailles de la Galerie de Versailles.*

Je ne sais quel biographe a prétendu que la famille Rainssant n'était pas rémoise, et sur quel fondement il a fait venir le père de notre antiquaire du pays de Liége, pour exercer dans notre ville la profession de médecin. Ce qu'il y a de certain c'est que le nom de Rainssant est un des plus anciennement connus à Reims. Dès le 15.me siècle il figure dans les actes publics parmi ceux des magistrats et des plus honorables citoyens du pays. Ce qui achève de prouver l'inexactitude de l'assertion que je combats, c'est que le père de notre médailliste, Nicolas Rainssant, qu'on dit être venu de Belgique où il professait la médecine, soutint sa thèse à Reims, et y fut reçu docteur le 20 avril 1622.

Pierre Rainssant suivit la carrière de son père, et se livra dès sa jeunesse à l'étude d'une science à laquelle sa famille devait déjà son illustration. Nicolas professait avec la plus haute distinction à la faculté de médecine de Reims, tandis que Sébastien Rainssant, de la faculté de Paris, médecin du roi et que nous devons considérer comme son parent très-proche, sinon comme son frère, allait de pair avec les gens de l'art les plus habiles de l'époque.

C'était le temps où l'émétique et l'antimoine, la saignée et le quinquina, partageaient le docte corps des médecins. Guénaut, Desfougerais, Mauvilain, Thevart, Rainssant et quelques autres célèbres de la faculté de Paris préconisaient l'antimoine et l'émétique. Valot, Piètre, Charpentier, Blondel, préféraient la saignée, le quinquina. Guy Patin, l'irascible, le rabelaisien, Guy Patin s'était déclaré l'ennemi mortel de toute la pharmacopée moderne, et notamment de l'antimoine qu'il regardait comme le poison le plus pernicieux dont l'humanité souffrante pût jamais tomber victime. Aussi dans ses lettres n'épargne-t-il pas *les opérateurs, les imposteurs, les charlatans, les empoisonneurs*, qui de son temps se mêlaient d'administrer cette pernicieuse drogue. Guénaut et Rainssant devinrent surtout l'objet de ses amers sarcasmes ; cependant il avait plus d'une fois rendu justice au mérite de ce dernier. « Nous avons ici, avait-il écrit en 1661, quatre de nos médecins bien malades dont il y en a deux de la première estime, savoir, Messieurs Rainssant et Piètre. » Cette maladie cruelle et douloureuse, la pierre, conduisit lentement Sébastien Rainssant au tombeau : il mourut le 2 février 1665. « M. Rainssant vient de mourir, écrit alors Guy Patin, « âgé de 66 ans, avec « pluralité d'enfans et assez peu de biens, « quoique toute sa vie il n'ait rien épargné « pour en attrapper : travail effroyable, et « tout-à-fait immodéré, finesse, fourbe« rie, imposture, impudence, menson« ges, apothicaires, chirurgiens, sages« femmes, opérateurs, *artes Guenaldicæ* « (de Guénaut) *pravæ, vetitæ*, tout lui était « bon pourvu qu'il en vînt de l'argent : « mais il *est mort et la parque noire au fleuve* « *Styx l'a mené boire.* « — Pour expliquer les injures qu'en vingt endroits de ses lettres l'humoriste Patin prodigue à Rainssant, il suffit de savoir que celui-ci était médecin du roi et surtout médecin du Mazarin, cas irrémissible ! puis il propageait l'antimoine !!

Notre Pierre Rainssant naquit à Reims vers 1625, et non point 1640, comme

P. RAINSSANT,

D. Médecin

Garde des Médailles de la Galerie de Versailles,

Mort en 1689.

le dit la *Biographie universelle;* il soutint en 1649 sa première thèse sur une question assez singulière, en voici le titre : *An philtris amor conciliari possit?* quoiqu'admis au doctorat, dès l'année suivante, il en soutint une nouvelle, dont le sujet fut pris dans les graves questions qui divisaient la faculté. *An cruda in acutis purgare noxium?* il avait dédié sa première à la faculté de Reims, celle-ci parut sous les auspices de son oncle Sébastien Rainssant. — En 1668, lors de la peste qui désola le pays rémois, Rainssant fut chargé par les magistrats de rédiger un mémoire, en forme d'avis au peuple, pour recommander les préservatifs les plus efficaces contre les atteintes du cruel fléau qui menaçait la ville. Ce mémoire, imprimé chez *Multeau*, aux frais de la ville, est précédé d'une lettre en forme de dédicace aux lieutenant, gens du conseil et échevins de la ville de Reims : voici comme l'auteur décrit les symptômes de cette peste. « On voit en ceux qui en sont attaqués un visage plein de feu, et des yeux étincelans : ils sentent une douleur et une pesanteur de tête; les uns rêvent, d'autres sont assoupis, ils ont la langue noire, point d'appétit, une soif extrême, des maux de cœur fréquens et vomissent même quelquefois : ils ne peuvent demeurer en place, leur pouls change à tout moment : d'abord il paroist avoir quelque vigueur, puis il devient petit, fréquent et inégal : leurs urines sont épaisses, troubles et puantes; à tout cela se joint ordinairement une grosseur sous l'oreille ou sous l'aisselle, ou en l'aisne, qu'on appelle un bubon ou la peste; et le charbon en divers endroits du corps, ou sur la poitrine, ou sur le dos, ou au-dedans des bras et des cuisses ; on voit aussi paroistre quelquefois des taches de couleur de pourpre, ou violettes, ou livides et noires, qui sont les pires. » Après avoir enseigné les préservatifs, l'auteur prescrit les curatifs : ils sont nombreux : on y remarque ce singulier remède : « on rasera la tête du malade pour y appliquer un petit chien éventré tout vif : on lui appliquera sur la plante des pieds des pigeons coupés vifs par la moitié, on pourra même lui en mettre aux émonctoires, sans négliger les ventouses avec scarification. »

Une circonstance particulière vint donner aux études de Rainssant une toute autre direction. Il arriva qu'un cultivateur des environs de Reims, en labourant son champ, fit la trouvaille d'un vase rempli de médailles antiques. Son premier soin fut de porter l'objet précieux à M. Oudinet, son maître : c'était le cousin de Rainssant, et le père d'un jeune avocat qui, plus tard devait aussi faire honneur à son pays. Piqués par la curiosité, Oudinet fils et Rainssant se jetèrent sur ces médailles, s'appliquèrent à en déchiffrer les légendes et en expliquer les types. Il faut savoir tout ce que l'étude de la numismatique a de puissance et de charmes, pour se faire une idée du bonheur de nos deux *archéophiles* Le précieux vase devint pour eux la source de véritables jouissances, l'origine de leur fortune et de leur gloire ; car tous deux, dès ce moment, se vouèrent au culte de la noble et sainte antiquité. Bientôt poussé par sa passion pour les médailles, Rainssant céda aux pressantes sollicitations de quelques amis, et vint à Paris, où déjà Sébastien Rainssant l'avait vivement recommandé au marquis de Louvois. — La protection et l'appui d'un ministre ne le détournèrent pas entièrement de la médecine qu'il exerça quelque temps à Paris avec le plus grand succès. Il y devint lui-même le guide et le maître d'un des fils de son oncle, de Nicolas Rainssant qui devait comme son père, Sébastien, comme son oncle, Nicolas et son cousin Pierre se distinguer dans l'art d'Hippocrate et de Galien (*).

Louvois trouva bientôt l'occasion d'être utile à son habile compatriote : il le désigna au roi comme le plus capable de diriger et de mettre en ordre le riche cabinet de médailles de la galerie de Versailles. Quelle joie pour Rainssant, quand il put écrire à son cousin Oudinet : « Il a plu à M. le marquis de Louvois de me faire nommer garde des médailles de S. M. Il y a un catalogue à dresser, des légendes à lire, des exer-

(*) C'est cette similitude de noms et de profession, qui dans plusieurs dictionnaires a fait confondre et attribuer à un seul les ouvrages de plusieurs. Dans la classification des œuvres de Pierre Rainssant, nous rectifions autant qu'il nous est possible, ces erreurs biographiques.

gues à déchiffrer, des types à expliquer : venez m'aider de vos lumières ; ma place est trouvée, accourez faire la vôtre ! » c'est ce que fit Oudinet.

Rainssant fut admis l'un des premiers à l'académie des inscriptions qui portait alors le titre d'*Académie des médailles*. Le *Journal des savans* reçut à plusieurs reprises les doctes communications que ses loisirs lui permettaient de faire. « Il a mérité, dit un biographe, les éloges de la plupart des savans de son temps : il était en correspondance avec Bayle, et à sa prière il s'intéressa pour faire restituer à Rou, les planches de ses *Tables chronologiques* qui avaient été saisies par la police comme renfermant des faits favorables aux protestans (*). » Comme on vient de le dire, Rainssant usa de son crédit pour favoriser les gens de mérite, et de sa place, pour seconder les travaux des gens de lettres. On ne sait pas que c'est à lui qu'on est redevable du bel ouvrage de Leblanc, sur les monnaies de la monarchie française. Le *Journal des savans* (année 1684, p. 115) contient une longue lettre de ce numismate à M. Rainssant, par laquelle il lui demande son concours et la permission de consulter le cabinet royal, pour y travailler à son grand ouvrage : dans cette lettre il lui expose le plan qu'il entend suivre, et le prie de l'aider de ses conseils et de ses lumières. — Dans la préface de sa *Dissertation sur les monnoies de Charlemagne*, Leblanc rendit encore un éclatant témoignage au zèle et aux services de notre antiquaire : « M. Rainssant, dit-il, à qui le roi a confié son cabinet de médailles, a si bien répondu aux ordres de M. de Louvois, qu'il a rendu ce cabinet le plus riche et le plus nombreux de l'Europe, non seulement pour les médailles antiques et modernes, et les agathes gravées, mais pour les monnoies d'or et d'argent. »

Mais les travaux continuels auxquels Rainssant s'était voué, avaient compromis sa santé : il devint sujet aux vapeurs, aux éblouissemens. Privé de sommeil il eut recours à l'opium : quelquefois la nuit, durant ses longues insomnies, il quittait le lit et se mettait à parcourir les brillantes avenues du jardin de Versailles. Un matin, le 7 juin 1689, on le trouva noyé dans la pièce d'eau qu'on appelle la *Pièce des Suisses*. Etait-il tombé par accident ? s'était-il noyé à dessein ? c'est ce qu'on pourrait se demander aujourd'hui que le suicide est devenu si commun. Mais alors cette déplorable monomanie que nous tenons de nos voisins d'outre-mer n'était nullement connue : je ne sais même si le mot *suicide* était créé : à coup-sûr l'acte en était réputé crime ou folie. Or, Rainssant n'était ni fou, ni criminel : il réunissait aux vertus privées qui font le bon citoyen, une religion sincère, la foi vive et pure du véritable chrétien; aussi personne ne s'avisa de soupçonner qu'il eût pu se donner la mort. On trouva d'ailleurs sur le bord du bassin où l'étourdissement lui prit sans doute, une tasse d'argent dans laquelle il avait puisé de l'eau et détrempé une drogue dont il usait au moment de ses crises. — Aussitôt que la nouvelle de sa mort fut connue, Oudinet se hâta d'aller rendre les clefs du cabinet à M. de Louvois. Mais ce ministre, juste appréciateur du mérite, et reportant sa bienveillance sur le parent, le collaborateur et l'ami de l'infortuné Rainssant, pria Oudinet de conserver ces clefs que, dit-il, il savait être en fort bonnes mains ; et quelques jours après le titre de *Garde des médailles* fut conféré par Louis XIV au rémois Oudinet.

Nous n'avons pas parlé du titre d'é-

(*) Voici un extrait de la lettre qu'il écrivit à ce sujet à Bayle. « Il y a environ huit jours que je parlois au roi de l'ouvrage de M. Rou, dont je lui montrai même une planche, lui faisant entendre le mérite de cet ouvrage et le sujet qui en avoit causé la suppression ; il m'ordonna d'en parler à M. le chancelier, chez lequel je fus dès le lendemain. Il me nomma en même temps un docteur de Sorbonne pour revoir ces planches, y corriger ce qui ne s'accorde point avec notre *créance*, après quoi on les mettra entre les mains d'un graveur qui en fera le débit; cet ouvrage étant trop beau pour en frustrer le public ; ce que je voudrois tâcher de faire en cette rencontre, seroit qu'il en revînt quelque profit à M. Rou : et c'est à quoi je travaillerai de tout mon mieux, car, d'espérer qu'on eût pu retirer ces planches pour les rendre à l'auteur, c'est ce qu'on n'auroit pu faire à présent qu'on voudroit pouvoir supprimer tout ce qui regarde une religion contraire à la nôtre. Obligez-moi d'informer M. Rou de tout ceci et de l'assurer de mes bonnes intentions pour lui. Je lui écrirai lorsque j'aurai quelque chose de meilleur à lui mander. »

chevin dont Rainssant fut honoré par ses concitoyens : c'est qu'en réalité nous n'avons rien trouvé qui nous mît sur la trace. Nous savons seulement d'une manière certaine qu'il était échevin de la ville de Reims durant les années 1682 et 1683, en même temps que MM. Nicolas Frizon, Lévesque, avocat du Roi, Claude Lespagnol, Pierre Delasalle, Audry, Mopinot, Vallier, Jean Richelet et Simon Coquebert ; mais nous n'avons pu nous procurer aucun renseignement sur la nature des services qu'il pût alors rendre à la ville : nous sommes d'ailleurs fondé à croire qu'il ne fut revêtu de ce titre que par honneur, et qu'il n'en exerça point les fonctions, étant déjà depuis long-temps fixé à Versailles.

Voici la liste des ouvrages de Pierre Rainssant.

1.° *An philtris amor conciliari possit ?* thèse soutenue le 2 décembre 1649, dédiée à la faculté de médecine de Reims. — Cette thèse, que nous n'avons pu nous procurer, devait se trouver dans la bibliothèque du docteur Caqué.

2.° *An cruda in acutis purgare noxium?* thèse soutenue le 2 juin 1650, dédiée à Séb. Rainssant, D. M. F. P.

3.° *An detur venenum certo tempore interi mens ?* thèse soutenue le 14 mars 1652.

4.° *An tetano frigidæ affusio ?* thèse soutenue à Reims, le 16 mai 1652.

5.° *Advis pour se préserver et pour se guérir de la peste de cette année* 1668 : Reims, chez *Jean Multeau*, 1668. Brochure in-8.° de 72 pag., revêtue des armes de la ville et d'une approbation de la faculté de médecine de Reims : elle est aujourd'hui fort rare.

6.° *Dissertation sur un arc de triomphe trouvé sous les remparts de la ville de Reims.* Journal des savans (an. 1678, p. 213 et suivantes). Ce monument romain, dont nous donnerons une vue et la description dans notre prochain n.°, fut découvert en 1677. Rainssant en ayant été informé vint immédiatement à Reims, et c'est par ses soins que fut dessinée et gravée cette précieuse antiquité.

7.° *Examen savant et curieux sur toutes les circonstances de l'histoire prodigieuse de l'enfant de Toulouse, qui a vécu vingt ans dans le ventre de sa mère :* extrait de la lettre de M. Rainssant qui contient cet examen. Journal des Savans (1678. p. 333 et suivantes).

8.° *Dissertation sur l'origine de la figure des fleurs de lys*, par M. Rainssant, D. en méd., in-12. — Il avait trouvé en quelques endroits du monument de Reims certain ajustement qui ne ressemblait pas mal à des fleurs de lys, ce qui, selon lui, pourrait avoir donné lieu à celles que l'on voit dans l'écu de nos rois. Journal des savans, (1678. p. 371).

9.° *Dissertation sur douze médailles des jeux séculaires de l'empereur Domitien*, par le sieur Rainssant de Reims, médecin, antiquaire et garde des médailles de S. M. Pet. in-4.° de 67 p. Versailles, 1684.

L'auteur par ces douze médailles développe l'histoire, l'ordre, la suite, et toutes les cérémonies de la fête des jeux séculaires. Il y a plusieurs remarques intéressantes dans cette dissertation qui est suivie de la traduction de ce que Zozime a écrit des jeux séculaires. Journal des savans. (1685. p. 29 et suiv.)

10.° Le journal des savans, même année 1685. p. 248, contient encore de Rainssant une *observation* singulière *touchant une hydropisie de poitrine, guérie par le moyen de quelques légères scarifications sur les pieds par où toute l'eau de la poitrine s'évacua.*

11.° *Dissertation sur le véritable degré de consanguinité entre* Auguste *et* Octavie, par M. Rainssant, 1686, in-4.° Il y refute plusieurs allégations du père Hardouin.

12.° *Dissertation sur les statues*, par M. Rainssant, 1686, in-4.° Le journal des savans (133 et suivantes), rapporte cette dissertation qui contient une partie de ce qu'il y a de plus remarquable sur les statues des grands hommes.

13.° On a encore de Rainssant un discours latin qu'il prononça à l'école de médecine, dans lequel il prétend prouver que les médecins sont ceux qui doivent avoir le plus de religion.

14.° Enfin, il avait entrepris la vie d'Adrien par les médailles, et il avait fait graver une partie des planches qui devaient enrichir cet ouvrage que la mort l'empêcha d'achever.

Nous finirons cet article par une observation bio-bibliographique. L'auteur de la table générale des matières du *Journal des Savans*, faute de connaître la nombreuse famille Rainssant, a commis plusieurs erreurs; d'abord il appelle notre antiquaire *Nicolas* au lieu de *Pierre*. — *Nicolas* était le nom de Rainssant père, il fut aussi celui de Rainssant, fils de *Sébastien*. Ainsi que nous l'avons dit, l'auteur en question se laisse donc égarer, et attribue à son *Nicolas*, qui est notre *Pierre* Rainssant, un recueil de thèses qui parut en 1697. Cette œuvre est de *Nicolas*, fils de *Sébastien* : en voici le titre. *Actiones medicœ Nicolaï* Rainssant, *doctoris med. Parisiensis* : in-12. Il y a cinq discours, le premier est une ingénieuse défense de la profession de médecin : les quatre autres contiennent de sages conseils donnés aux jeunes médecins pour s'acquitter des devoirs de leur état. Tous ces discours sont dédiés à l'illustre Fagon. Voyez *Journal des savans*, (année 1697. p. 277 et suiv.)

Le portrait de Pierre Rainssant n'avait jamais été gravé : celui que nous publions est d'après un bel original attribué à Mignard, et donné en 1825 à la bibliothèque de Reims, par mesdemoiselles Rainssant, petites-nièces de notre auteur.

SOUS PRESSE :

REIMS PITTORESQUE.

2.e *Livraison.*

Histoire et Description de l'Arc de Triomphe de la porte de Mars. — (*Vue lithographiée du Monument.*)

Biographie. — Nicolas BERGIER, Avocat, Historiographe. — (*Portrait*).

3.e *Livraison.*

Histoire et Description de l'Eglise Saint-Nicaise. — (*Vue du Portail.*)

Biographie. — Ives LI BERGER, Architecte célèbre, à qui l'on doit l'Eglise *Saint-Nicaise*, et une partie de *Notre-Dame*.

REIMS, IMPRIMERIE DE REGNIER.

LES BUREAUX D'ABONNEMENT SONT CHEZ CORDIER, LIBRAIRE-ÉDITEUR, rue de l'Écrévisse, n.° 2, à Reims.

Séjourné del. *Impie Litho: de Boudié & Camuset. Reims.* Boudié fecit.

PITTORESQUE,

Ancien et Moderne.

ARC DE TRIOMPHE,

(Ancienne Porte de Mars.)

Nous avons parmi nous de fort honnêtes gens qui s'imaginent qu'avant la domination romaine, la Gaule était un pays sauvage, outrageusement traité par la nature, et le plus inhabitable du globe. Rien, vous disent-ils, n'était plus rigoureux que son ciel toujours chargé de frimas, de plus funeste que sa température ingrate, de plus odieux que le spectacle de ses contrées stériles et dépeuplées. Le vent y soufflait avec une telle violence, qu'il enlevait de terre des tourbillons de poussière et de cailloux, bouleversait les campagnes, renversait de leurs chevaux les plus solides cavaliers, et les précipitait dans les abymes sans nombre dont le sol était couvert. Quelque rare bout de terre se trouvait cultivé par de pauvres colons, dont les misérables cabanes se perdaient de loin à loin, éparses au milieu de marais malsains et de forêts impraticables. Le pays parfois ressemblait à une immense nappe d'eau hérissée d'îlots, au sein desquels le Gaulois se retirait pour trouver un abri : parfois aussi, pour arriver à quelque habitation humaine, le voyageur avait à s'exposer au milieu de contrées étrangement prolongées, arides, dévoyées et seulement fréquentées par les plus horribles animaux.

Et si plus tard, et déjà du temps de nos rois de la première race, le pays semble totalement changé : si d'après nos propres historiens, le soleil dore de ses rayons d'abondantes et riches moissons, si les belles et riantes campagnes de notre patrie se parsèment de maisons de plaisance, de châteaux aux riches tourelles, de palais aux somptueuses galeries ; si des villes opulentes étalent orgueilleusement dans nos provinces leurs dômes azurés, leurs flèches scintillantes, leur architecture monumentale, c'est, nous dit-on, que les Romains, durant leur tutélaire occupation, rendirent féconds les terrains incultes de notre Gaule, desséchèrent les marais, et par le secours de leur puissante civilisation métamorphosèrent si bien la nature d'un sol ingrat qu'ils en adoucirent jusqu'à la température, et développèrent chez nos barbares ancêtres le goût des sciences et des beaux arts.

A l'appui de cette opinion, les bonnes gens dont je parlais tout-à-l'heure, et qui se croient si redevables aux Romains, citent les autorités les plus graves : c'est Annæus Florus, Denys d'Halicarnasse, Diodore de Sicile, Pomponius Méla, Strabon, Tacite et surtout Jules César. Certes, voilà des garans qu'il serait présomptueux de combattre. Cependant, il faut le dire, aucun d'eux n'était Gaulois, et peu connaissaient le pays. Annæus Florus travaillait d'après Tite-Live et d'autres écrivains auxquels la Gaule était complètement inconnue. Diodore de Sicile prit la plupart du temps pour guides les plus méprisables auteurs : Strabon n'entrevit les côtes des Gaules que du sommet des Alpes; quant à Pausanias et à Pomponius Méla, leurs ouvrages sont remplis de tant de faits controuvés, ridicules et évidemment faux, qu'il est impossible de ne pas s'armer d'incrédulité à la lecture de leurs récits. Ce dernier ne raconte-t-il pas du plus grand sérieux du monde, qu'il a vu dans ses voyages la race des Troglodytes qui hurlent au lieu de parler : celle des Gamphasantes qui vont tout nus; puis une autre chez qui l'on trouve des fourmis plus grosses que des chiens, des hommes à pieds de cheval, et qui se servent de leurs oreilles en guise de manteau, etc., etc., etc.

En fait, n'est-ce point ici le lieu de reconnaître combien il est triste pour un peuple conquis de ne trouver d'apologistes que parmi ses vainqueurs. Admettez que les merveilles de l'empire des Pharaons n'aient eu pour historiens que les descendans des premiers Mahadis d'Egypte; que les douze tribus du peuple de Dieu aient pris leurs annalistes parmi les soldats de Titus et de Vespasien, et que la gloire d'Athènes et de Sparte ait tout entière été livrée aux panégyristes de Philippe et d'Alexandre; puis, dans cette hypothèse, dites-nous ce qu'aujourd'hui serait pour nous la renommée de ces peuples pour qui nous n'avons pas assez d'admiration? Grâce au ciel, les mystérieux hiéroglyphes que l'Egypte gravait en caractères ineffaçables sur ses obélisques, devaient traverser les âges, et, malgré les fils d'Omar, parler aux générations les plus reculées du génie et des arts de Sésostris et de Chéops. Moïse et Josèphe nous ont raconté l'histoire miraculeuse du peuple hébreu, et des poètes, des écrivains grecs, des monumens nationaux existent encore, qui nous rappellent la splendeur du siècle de Périclès, et la gloire des Thermopyles et de Marathon.

Les Gaulois ne furent point si fortunés. Arts, poésie, chroniques, institutions, le temps a, chez eux, tout dévoré. Mais si de leur antique société rien n'est arrivé jusqu'à nous, sauf un renom glorieux, faut-il en conclure avec les Romains, leurs ennemis, que cette grande nation ne cessa qu'après la conquête, d'être inintelligente et barbare ? Gardons-nous-en bien. Ce peuple qui, lors de la conquête romaine, comptait déjà plus de 18 siècles d'existence sociale : qui, tantôt nomade et tantôt sédentaire, tour-à-tour conquérant et conquis, avait porté la terreur de son nom sous toutes les zônes du globe connu : qui, redoutable aux Bretons, aux Germains, s'était fait jour en Espagne, en Italie, avait envahi la Grèce, saccagé la Thessalie, et qui, 387 ans avant l'ère chrétienne, déjà maître de Rome eût pu étouffer à son berceau la puissance du peuple-roi, et se partager, comme celui-ci le fit plus tard, les dépouilles des nations vaincues, ce peuple, dis-je, eut aussi, lui, ses arts, sa poésie, ses institutions, et, comme les nations, qui ont traversé les accidens d'une existence si longue, il eut son siècle et sa civilisation.

Qu'est devenu tout cela ? Qui nous fera l'histoire de cette puissante institution du Druidisme d'où sortirent les législateurs des nations, les juges des peuples, les poètes et les rhéteurs de Rome ! Qui nous dévoilera les mystérieuses et redoutables fonctions des Eubages, leurs mythes symboliques, le culte et les attributions de leurs Dieux ? Les chants et les créations poétiques des Bardes ? L'étrange ascendant de ces Druidesses aux prophétiques inspirations, à la volonté fantastique et redoutée dont il ne nous est resté que la capricieuse féerie du moyen âge, et les contes de M. Perrault, de l'Académie française ! Où saurons-nous enfin les révolutions d'une si grande nation, durant le long trajet qui sépare son berceau du linceul que jeta sur elle la tyrannie romaine ?

Les Gaulois, avant leur assujétissement, étaient soumis aux institutions nationales que le Druidisme avait fondées. Au nombre de ces remarquables institutions, il faut citer le mode d'instruction publique : l'enseignement des sciences physiques et morales se faisait oralement chez les Druides qui proscrivaient l'écriture et les signes symboliques. Purement contemplatifs comme leurs disciples, les Pythagoriciens, les philosophes gaulois n'ont rien écrit, n'ont rien laissé écrire. Toute l'histoire était dans la perpétuité de leur parole. Or, Jules César, Auguste et leurs successeurs ont tué la parole druidique. Voilà pourquoi nous ne pouvons parler de la civilisation des Gaules et de l'état des sciences en ce pays, qu'à dater de l'invasion des Romains. Mais à compter de ce moment, les auteurs latins eux-mêmes prennent le soin de nous parler des écoles si renommées de la Gaule. Ils nous apprennent que Rome, encore barbare et sous le joug de ses rois, envoyait les jeunes gens de ses familles patriciennes à l'école de Marseille, à cette école plus célèbre alors que ne l'avaient jamais été les Académies grecques, à cette école que Tacite plus tard surnommait la Maîtresse des Etudes, *magistram studiorum.* Et Marseille n'était pas la seule ville des Gaules où les sciences et la philosophie fussent cultivées : la ville éternelle était encore sans poètes, sans rhéteurs, sans écrivains, quand notre pays resplendissait déjà et depuis longtemps de l'éclat de la civilisation de ses grandes cités.

Le despotisme des Proconsuls de Rome s'appesantit non seulement sur le pays conquis à la pointe de l'épée et au prix des plus rudes travaux, mais encore et tout aussi rudement sur les populations sans énergie, sans patriotisme, qui désertant la cause nationale, avaient lâchement ouvert aux légions romaines l'entrée du territoire, et la porte de leurs villes, et qui s'étaient résignées à prix d'humiliations au titre d'*alliés du peuple romain.* Quoi qu'en aient pu dire les écrivains jaloux de l'honneur de leur patrie, ce n'est pas ici la plus belle page de l'histoire de Reims. Il est triste, au milieu du grand mouvement insurrectionnel qui s'organisait dans les Gaules contre les tyrans du monde, il est triste de voir la seule ville de Durocort ou des Rémois se soustraire à cette imposante prise d'armes, et refuser à la coalition gauloise l'appui de son crédit, de ses troupes, ainsi que celui des onze grandes cités qu'elle tenait sous sa domination, pour se concilier la protection de l'implacable ennemi de la patrie.

Comment furent punies les Gaules de leur résistance au despotisme romain ? Comment furent récompensées les villes qui, comme la cité Rémoise, avaient couru au-devant des fers ? Eh bien ! il faut le dire, partout on vit les trêves jurées, les amnisties promises outrageusement méconnues : les magistrats courageux expiant dans les tortures le crime de leur fidélité aux lois du pays : les populations désarmées passées au fil de l'épée, ou mises à l'encan comme de vils troupeaux : les villes incendiées, les monumens détruits, la religion persécutée et les institutions nationales livrées à la dérision, au mépris d'un soldat stupide et brutal. Il faut que la tyrannie de César ait été bien odieuse, puisque le bruit en étant arrivé au sénat de Rome, y souleva l'horreur et l'indignation des patriciens eux-mêmes. « *Lui voter des actions de* » *grâces*, » répondait Caton aux amis du Proconsul qui louaient son désintéressement et ses vertus. « *Lui* » *voter des actions de grâces ? Ah* » *votez plutôt des expiations !* » *Suppliez les Dieux de ne pas faire* » *peser sur nos armées le crime d'un* » *général coupable ! Livrez, livrez* » *César à ceux qu'il a tyrannisés* » *afin que l'étranger sache que* » *Rome ne commande pas le parjure et qu'elle en repousse le* » *fruit avec horreur !....*

Cependant après la mort de César, Auguste chargé du gouvernement des Gaules, n'y continua pas moins la tyrannie de son prédécesseur : il fit plus, il érigea l'oppression en système : le premier, il entreprit d'imposer aux Gaulois les mœurs et les habitudes romaines ; il fallait, à la vérité, changer toute l'organisation du corps social, étouffer l'amour de l'indépendance, le sentiment de la nationalité dans un peuple prompt à s'irriter, impatient de l'injure, implacable dans sa vengeance : Auguste l'entreprit. Je vais dire ici des choses qui paraîtront étranges : c'est que pour dénationaliser les Gaules, tâche immense de réaction contre le passé, Auguste entreprit absolument le même travail dont, à la fin du dernier siècle, et dans un but à-peu-près semblable, une assemblée française renouvela l'exécution. Il commença par changer la circonscription territoriale : il établit un système d'administration uniforme pour toutes les Gaules, calqué d'ailleurs sur celui qui régissait le territoire romain. Les seules provinces dans lesquelles un trop grand esprit de révolte ou d'indépendance s'était manifesté, furent déclarées provinces impériales, et comme telles, soumises à un régime militaire. Les armées gauloises licenciées, disséminées par colonies, furent mêlées aux populations dont le dévouement était acquis : les villes secondaires, détachées de la dépendance des grandes cités furent déclarées libres, avec le titre de villes latines, villes romaines, tandis que les cités de fondation ancienne, humiliées, dépouillées de leurs priviléges, se virent enlever toute espèce d'importance politique. Cette nouvelle division territoriale n'était que le prélude d'un nouvel ordre dans l'organisation du gouvernement, dans la répartition de l'impôt, dans la législation civile et militaire, et surtout dans les choses du culte et de la religion.

Pour imprimer à la population gauloise ainsi remuée, une forte unité politique, il fallut rompre les habitudes et l'esprit de l'ancien ordre social : on proscrivit tout ce qui tendait à perpétuer les traditions nationales, et les souvenirs glorieux de la patrie : on étouffa ces idées de prééminence que l'esprit gaulois attachait à certains peuples, à certaines localités : des noms romains furent donnés aux villes les plus célèbres par leur héroïsme et leur courage à lutter contre la domination étrangère : on créa des villes Juliennes, des villes Augustales, des villes Césariennes. L'antique et puissante capitale des Arvernes sous les murs de laquelle César avait été vaincu, Gergovie, fut dépouillée de tout ce qui faisait son orgueil, et son rang de capitale fut cédé à Nemetum (Clermont), alors bourgade obscure des environs. Le même sort atteignit *Bratuspantium*, ancienne capitale des Bellovakes, dont les priviléges furent livrés à *Cæsaromagus* (Beauvais). *Noviodunum* prit le nom d'Augusta. La capitale des Veromandues (St.-Quentin) , celles des Tricasses (Troyes) , des Raurakes (Augst), des Auskes (Auch), reçurent la même désignation. L'héroïque Bibracte des Edues prit celui d'Augustodunum (Autun) , tandis que les villes qui , comme la *Durocortorum* des Rémois , avaient abandonné les intérêts nationaux pour servir dans les armées romaines , conservèrent leur ancien nom qui , dit un auteur moderne , *ne pouvoit être cher au pays, ni réveiller aucun souvenir glorieux*.

La révolution territoriale et administrative accomplie , Auguste sentit la nécessité de s'occuper plus spécialement de la population. Il résolut d'attaquer de front le druidisme, ce qu'il fit en lui enlevant son influence dans les affaires : il lui interdit l'enseignement et proscrivit ses Dieux, pour y substituer ceux de Rome. A sa voix , des écoles où l'étude de la langue latine fut prescrite , des gymnases où l'enseignement des arts et des sciences de Rome fut professé , s'établirent dans chacune des villes de la Gaule. Des édifices qui rivalisaient avec ceux de l'Italie furent élevés partout et comme par miracle. A leurs monumens nationaux , les grandes cités virent succéder ceux de l'architecture grecque et romaine. Comme tant d'autres, Reims construisit des temples , des arcs de triomphe ; elle eut ses aqueducs et ses thermes , ses cirques et ses monts d'arène , et là , comme dans les anciennes cités gauloises , les vieux simulacres celtiques cédèrent la place aux types empruntés du polythéisme romain : en un mot , attaqué, poursuivi, mis hors la loi , le druidisme perdit d'autant plus vite son crédit et son influence que nulle des anciennes institutions ne survivait pour le protéger , tandis que toute la direction des nouvelles tendait à le faire oublier ou maudire.

Voilà comment s'éteignit l'antique société druidique : voilà comment finit le peuple gaulois qui désormais va se mêler et se confondre avec les races italiennes, dont la politique romaine surcharge son territoire.

Maintenant vous ne vous étonnerez plus de l'absence des monumens gaulois sur le sol national ; maintenant vous comprendrez comment on ne peut rien montrer de la civilisation de nos pères , et par quelle raison l'histoire artistique et littéraire de notre pays ne remonte pas au-delà de l'invasion romaine : maintenant surtout, vous vous expliquerez le sourire d'incrédulité par lequel nous répondons à ces intrépides admirateurs de l'antiquité qui nous posent comme un fait acquis à l'honneur de leur pays , la présence , chez eux, de monumens romains. Ces somptueux édifices dont ils se montrent si fiers, sont en effet des œuvres sociales , enfantées par une civilisation puissante : mais, je le répète, rien, en ces monumens, ne révèle la gloire de nos ancêtres ; tout nous y retrace , au contraire , et l'impuissance et l'asservissement de la patrie.

Cependant, écoutez ces intrépides laudateurs du passé : ils vous diront du plus grand sang froid du monde : *Cet arc de triomphe que vous voyez à la porte de Mars, fut élevé par les Rémois, en l'honneur de Jules César dont ils reçurent leur civilisation !* Vous ne sauriez croire les flots d'encre versée, les dissertations, les brochures et les volumes mis au jour pour soutenir ou combattre cette opinion ! Eh ! mon Dieu ! qu'importe à l'histoire nationale le nom de celui à la gloire duquel fut construit ce monument ? Ce qui doit vous être prouvé, c'est que ce prince, se nommât-il César ou Probus, Auguste ou Julien, n'était ni l'ami ni le bienfaiteur de votre pays, mais bien un Proconsul de Rome, c'est-à-dire, un oppresseur, et, comme tel, chargé de tuer la nationalité gauloise. Aussi, voyez ce monument, tout y retrace la gloire de Rome, les attributs de ses Dieux, les trophées de ses victoires, et rien n'y sert à expliquer l'histoire, la religion, ou les mœurs du peuple sur le sol et par les subsides duquel il fut construit.

Concluons : si nombreux, si magnifiques que soient encore les monumens qui nous restent de l'art romain, on peut dire qu'ils n'attestent autre chose que l'oppression et le despotisme de Rome. Nous y trouverons toujours la grandeur du peuple-roi : mais nulle part nous n'y remarquerons l'indice de la puissance de nos pères. Les vainqueurs se servirent de l'or gaulois, de l'industrie gauloise, des bras gaulois pour tracer des chemins, pour creuser des canaux, pour aplanir des montagnes, pour élever des ponts, des colonnades, des temples et des arcs de triomphe, pour dessiner des cirques, des arènes, pour édifier des villes et des palais ; mais tous ces monumens n'existèrent qu'au profit et à la plus grande gloire des vainqueurs. Insensiblement et à la longue, sans doute, le Romain se mésallia ; il s'unit au Gaulois, et le Gaulois revêtit le caractère romain : puis accoururent les Francs, ces autres conquérans barbares qui foulèrent du même pied la tête gauloise et la tête romaine, et qui confondirent dans un égal assujétissement et le vainqueur et le vaincu : jusqu'au moment où vint à retentir la voix évangélique de l'apôtre de Reims, qui se mit à proclamer l'affranchissement des peuples, au nom d'un Dieu mort sur la croix. Alors s'opère une fusion générale et complète. Alors seulement, Romains, Gaulois et Francs, se rangent sous le même joug, apparaissent au même rang et subissent le même niveau, le niveau d'une fraternelle égalité.

Alors aussi, commencent d'autres institutions, d'autres mœurs, d'autres besoins : alors apparaît un nouvel ordre d'enseignement pour les sciences morales ; un nouvel ordre d'architecture pour les monumens nationaux. Les premiers temples chrétiens depuis Clovis et ses successeurs de la première race, sont tous empreints d'un style byzantin, car l'évangile et le labarum nous sont envoyés de Rome et de Constantinople : mais, du moins, ce style quoique étranger, est national puisque les nations l'adoptent au nom d'un dogme catholique. Ensuite vient le style lombard qui nous apparaît sous Pépin-le-Bref, Charlemagne et ses descendans. Puis enfin sous Louis-le-Gros, le style dit gothique qui se développe, et parvient jusqu'à François I.er. Ce prince restaure et rappelle les arts de l'ancienne Rome : *c'est l'époque* dite *de la renaissance.*

Dans le courant de cette publication, nous aurons plusd'une fois l'occasion de revenir sur ces styles divers de l'architecture en France. Aujourd'hui, nous nous hâtons de clore cet article, déjà si long, par la description du monument qui l'a suggéré. . . . .

S'il s'agissait, lecteur bénévole, de vous parler d'un édifice que vous ne connaissez pas même de vue, situé loin d'ici dans le pays des Teutons, des Allobroges ou des Scandinaves, sur les bords du Tibre ou du Guadalquivir, je m'empresserais avant tout de vous décrire le chemin qui y conduit, le site qu'il occupe, les arbres qui l'ombragent, l'onde qui baigne ses pilastres, les ponts levis qui en défendent l'approche, et tous ces accidens dont l'art et la nature se plaisent parfois à circonvenir les alentours d'un monument que les âges ont respecté. Ici, rien de semblable. Vous savez tout aussi bien et mieux que moi la situation de l'édifice dont je vais remettre les détails sous vos yeux.

L'arc de triomphe de la porte de Mars est composé de trois arcades d'ordre corinthien avec des colonnes cannelées. L'arcade du milieu, plus large et plus élevée que les deux autres, a 32 pieds et demi de haut sur 15 et demi de large. Les bas-reliefs dont la voussure est ornée, représentent une femme tenant entre ses bras deux cornes d'abondance; quatre enfans qui portent certains attributs sont auprès d'elle. Les deux qui se trouvent à ses pieds, semblent tenir, le premier, une corbeille de fleurs; le second, une corbeille de fruits. Il est fâcheux qu'on ne puisse plus rien distinguer des deux autres. — Ceux qui font métier d'éclaircir les difficultés de l'archéologie, présument que l'année est représentée dans ce bas-relief par la femme assise, comme les quatre saisons, par ces enfans qui en portent les attributs.

Autour de ce bas-relief décoré d'ornemens d'ancienne sculpture, sont douze tableaux dont il nous reste sept, à peu près entiers : les cinq autres ont été enterrés avec toute la face intérieure de la porte. Ces tableaux, d'après l'explication précédente des premiers personnages, devaient représenter les douze mois, car l'on distingue encore dans ces figures certains signes allégoriques qui caractérisent chacune de ces parties de l'année.

Ceux qui croient que ce monument fut élevé en l'honneur de

Jules César, prétendent que les Rémois ont voulu dans ce bas relief, éterniser la gloire de ce prince qui réforma le calendrien romain. Je ne m'y oppose point. — D'autres antiquaires non moins érudits et qui rattachent ce monument au règne d'Auguste, prétendent que par cette femme du bas-relief, qui tient deux cornes d'abondance et par ces enfans qui portent des corbeilles de fruits, on pourrait tout aussi bien prouver que les Rémois ont voulu peindre la paix profonde, l'abondance et la félicité dont jouissaient tous les peuples soumis au sceptre d'Auguste, ainsi que semblent d'ailleurs l'indiquer certaines médailles romaines sur lesquelles on trouve gravées les quatre saisons, avec ces mots : *felicia tempora*. J'avoue, pour moi, que cette interprétation me paraît tout aussi raisonnable que l'autre, et j'y souscris tout aussi volontiers.

De l'arcade du milieu passons à la première; celle ci, comme la troisième, a 29 pieds et demi de haut sur 10 de large. On y distingue gravés dans les bas-reliefs, Rémus et Romulus, allaités par une louve aux côtés de laquelle sont deux figures, chacune un bâton à la main, dont l'une a une couronne de laurier sur la tête. Il faut, disent les uns, reconnaître dans ces deux personnages, le berger Faustulus et la femme Acca Laurentia : tandis que, suivant d'autres, c'est tout simplement deux bergers qui regardent avec admiration un prodige aussi extraordinaire que celui d'une louve allaitant deux enfans. On trouve dans Montfaucon une pierre ancienne représentant à peu près le même sujet.

Nos savans antiquaires supposent généralement, à propos de ce bas relief, que les Rémois ont voulu par là honorer l'origine de Jules César qui descendait d'Enée aussi bien que Rémus et Romulus, par Julius, dont la famille de Jules avait tiré son nom. Cette explication a le mérite de satisfaire ceux qui rattachent ce monument à la mémoire de César, et ceux qui en font honneur à Auguste, puisque ce prince était neveu et fils adoptif de Jules César. Et de plus, remarquent nos judicieux archéologues, cet emblême pourrait également prouver que la ville de Reims s'estimait heureuse d'être l'alliée du peuple romain : car c'était le symbole ordinaire des villes soumises à la domination romaine, comme l'établissent plusieurs médailles.

Arrivons actuellement à la troisième arcade. On y remarque une femme assise sur un lit, le coude appuyé sur un carreau, caressant un cygne de la main droite. Un amour est près d'elle tenant un flambeau à la main. Je vous avoue avec la plus grande ingénuité, lecteur, que dans ce bas-relief tel que je vous le décris, je ne vois rien autre chose que la représentation de Léda et de l'amoureux Jupiter, *(divum sator)*, sous la figure du cygne dont MM. Noel et Chompré vous ont pu jadis raconter l'histoire. Et pour peu qu'il vous souvienne de leurs récits mythologiques, vous pourrez vous rappeler que Castor et Pollux, pris à Rome pour divinités tutélaires, étaient éclos de deux œufs, fruit des amours du cygne en question et de la facile Léda. Dès-lors, il ne vous semblera point étonnant que dans un monument élevé en l'honneur de Rome, où se trouve l'image de Rémus et de Romulus allaités par une louve, on voie aussi l'emblême de la naissance de deux autres frères jumeaux dont les deux fondateurs de Rome se disaient les descendans. Mais nos archéologues qui veulent partout voir l'œuvre des Rémois, interprètent tout cela d'une autre façon : voici ce qu'on trouve au bas d'une gravure représentant les bas-reliefs de cette arcade, gravure publiée en 1678 par les soins du docte Rainssant, garde des médailles de la galerie de Versailles. « La ville de Reims est ici » représentée sous la figure de Léda: » car on peut dire que comme Léda » était mère de Castor et Pollux qui » présidaient aux lois, aux juge- » mens, ainsi la ville de Reims » tenait à gloire d'être mère des » juges dont le conseil était composé » et que l'on cite depuis si long- » temps déjà, pour leur mérite et » leur intégrité. En effet, ce flam- » beau que tient l'amour, indique » sans doute que pour bien pénétrer » l'obscurité du droit, il ne faut » manquer ni de lumières ni d'af- » fection pour l'équité. »

Après tout ce qui précède, je ne crois pas nécessaire d'examiner sérieusement cette singulière opinion. Notre savant compatriote n'est tombé, dans une si risible interprétation, qu'en adoptant trop légèrement les habitudes de la critique historique de son époque : critique étroite qui n'avait d'autre type de beauté artistique que le type romain et qui se sentait flattée de retrouver l'histoire nationale, empreinte du caractère de l'antiquité classique. Mais on est d'autant plus disposé à pardonner à Rainssant, que de tous les écrivains qui depuis lui et de nos jours encore, ont cru devoir parler de ce monument, il n'en est aucun qui ait abordé la question et tenté de jeter sur son origine et son histoire le flambeau d'une critique sérieuse et raisonnable.

Examinons à cette heure les trophées d'armes qui entourent les bas-reliefs des arcades. On y voit des victoires ailées qui semblent écrire, dessiner et sculpter sur des boucliers. Ce sont les arts représentés sous la figure de génies. Toutes ces moulures sont faites avec une délicatesse, un goût, une richesse véritablement admirables, et je ne conçois pas que certains antiquaires puissent rattacher ce monument au règne de Julien, époque où l'art était en pleine décadence.

Maintenant sortons des voûtes, éloignons-nous un peu et considérons la façade. Et d'abord distinguons au cintre des arcades, à l'endroit des bossages, trois bustes sculptés, à la vérité grandement mutilés. Les savans établissent que celui de l'arcade de Léda devait retracer les traits de cette déesse. Au deuxième cintre, ils croient reconnaître le buste de Mars, père de Rémus et de Romulus. Quant à la tête du milieu, de l'arcade des Saisons, il est tout naturel, disent-ils, de présumer qu'on a voulu y figurer les traits d'Apollon.

Puis entre les colonnes corinthiennes cannelées qui ornent le monument, on voit quatre grands médaillons soutenus chacun par deux génies ailés. Les deux médaillons du milieu, placés le plus honorablement, suivant l'expression d'un de nos archéologues, et surmontés de trophées, semblent représenter deux empereurs, César et Auguste. Pour les deux autres, surmontés de deux caducées, ce sont vraisemblablement, d'après le même guide, les personnages consulaires qui avaient fait exécuter les grands chemins militaires sur l'un desquels fut construit ce monument.

Quant aux petits tableaux de la façade, sculptés dans des niches gracieusement ornées et sur lesquelles posent les génies soutenant les médaillons dont nous venons de parler, il est impossible d'y rien distinguer, tant ils sont mutilés. On devine seulement à la forme et à l'ensemble de l'œuvre qu'ils devaient être fort beaux, et de nature à jeter quelque jour sur l'histoire et le but du monument lui-même.

En résumé, la lithographie qui accompagne cette notice reproduit l'édifice, supposé restauré dans toutes ses parties. Il n'est que trop vrai que son état de conservation n'est pas aussi satisfaisant que le ferait supposer notre vignette.

On ne saurait trop dire par quelle fatalité cet édifice fut, en 1544, enterré sous les remparts de la ville. Il avait long-temps servi de porte aux habitans, sous le nom de *Porte de Mars*. Mais, l'archevêque, (antérieurement à l'époque dont nous parlons), par suite de ses démêlés avec les habitans, et dans la crainte sans doute de quelque surprise contre son château qui s'y trouvait adossé, l'avait déjà condamnée et fait murer, ne se réservant sur la campagne qu'une poterne facile à défendre : poterne dont partie du plein cintre se distingue encore à côté de la colonnade de la voûte de Léda.

C'est lors de cette fermeture de l'Arc de triomphe que pour le remplacer, les habitans, malgré les efforts et les réclamations de l'archevêché, construisirent la porte qui existe aujourd'hui, située un peu plus haut et à laquelle, en souvenir du monument romain, ils donnèrent le nom de *Porte de Mars*.

En 1595, lors de la démolition de la forteresse seigneuriale, monument si redouté, si maudit des Rémois, on déterra une partie de l'arcade de Rémus et de Romulus : mais elle fut bientôt *remurée*, et derechef oubliée. Ce n'est qu'en 1677, sous la lieutenance de M. Dallier que la partie supérieure du monument fut remise à jour, et que P. Rainssant, comme nous l'avons dit ailleurs, le fit dessiner et graver pour la première fois. (Ces planches sont au cartulaire de la ville.) La partie inférieure resta enterrée : On craignait sans doute que la base aussi endommagée que le paraissait être le sommet, ne fût trop faible pour supporter la masse entière, réduite à ses seuls étais. De nos jours l'administration a fait déblayer toute la façade extérieure dont nous venons de donner sommairement la description. Il reste à percer les trois arcades, à remettre en lumière la façade intérieure dont les sculptures et la décoration doivent mériter également l'étude et l'admiration des curieux : enfin, il reste à rendre à sa destination ce monument qui, restauré dans ses diverses parties mutilées, serait un des plus curieux et des plus beaux qu'on puisse retrouver en France, de l'art romain.

Flodoard qui vivait au 10.ᵉ siècle, et qui le premier a composé l'histoire de la ville de Reims, attribue la fondation de notre ville aux soldats de Rémus; nous croyons devoir rapporter ce passage peu connu et dans lequel il est fait mention de notre arc de triomphe.

« Il est probable dit-il, que les » soldats de Rémus, obligés de fuir » leur patrie après sa mort, ont fondé » notre ville, et donné ainsi commencement à la nation des Rémois, » car nos murs portent les emblêmes » de la religion romaine, et la plus » élevée de nos portes, conserve » jusqu'à nos jours, le nom de *Porte de Mars*, qui selon l'opinion des anciens, était le père des » Romains. Sur la voûte à droite en » sortant, est représentée la louve » allaitant Romulus et Rémus, au » milieu les douze mois, selon l'ordre établi par les Romains ; enfin » à gauche, des cygnes et des oies, » etc. etc.

Une tradition rémoise fort ancienne, et que nous ne devons pas non plus négliger de rapporter ici, veut que St.-Sixte et St. Sinice, venus de Rome pour prêcher l'évangile dans les Gaules, ne se soient décidés à s'arrêter à Reims, qu'en reconnaissant l'histoire de leur nation gravée sur les pierres de la porte de Mars.

Ce fait, s'il était vrai, établirait d'une manière certaine, que ce monument ne peut être attribué ni à Probus, ni à Julien, puisque l'arrivée de nos deux premiers évêques précéda de beaucoup le règne de ces empereurs.

Au surplus, nous finirons ce que nous avons à dire de ce monument, en émettant notre opinion sur l'époque précise de sa construction. Nous pensons qu'il faut la rattacher au règne d'Auguste, et qu'elle fut entreprise par Agrippa, son gendre, gouverneur des Gaules, que l'histoire représente comme occupé sans cesse de l'exécution de ces grands chemins romains, dont notre pays de Reims en particulier, est encore aujourd'hui tout sillonné.

La place nous manque pour consigner ici tout ce que nous aurions à ajouter à l'appui de ce sentiment : nous profiterons du premier monument romain qui nous viendra à décrire, pour achever tout ce qui nous reste à dire sur les arcs de triomphe, les temples, les obélisques, les grands chemins, et tous les prodigieux travaux des Romains dans les Gaules. La matière est riche, abondante, et peut encore intéresser des Rémois du 19.ᵉ siècle, je veux dire, des lecteurs tant soit peu rétrospectifs, quoique essentiellement amis du progrès! on peut être l'un et l'autre.

N. BERGIER,

Historiographe-Jurisconsulte.

Né en 1567, mort en 1623.

Biographie.

N. BERGIER, — *Avocat, Syndic des Habitans de Reims. — Historiographe de France.*

La ville de Reims, dès long-temps célèbre par l'enseignement des sciences et des lettres, eut sa part, au seizième siècle, dans ce vaste mouvement intellectuel, qui, secondé par la découverte récente de l'imprimerie, ébranla et rajeunit les institutions de la vieille Europe. L'érudition, la poésie, l'éloquence, la critique historique, les discussions théologiques, tout, dans cette grande époque, concourut à réaliser ce puissant effort d'un siècle qui, après celui qu'éclaira l'Evangile, est assurément le premier dans l'histoire de l'esprit humain, et le plus fécond en résultats sociaux. A la tête du mouvement scientifique et littéraire, par lequel Reims s'associait au mouvement général des esprits, on doit placer le cardinal de Lorraine, politique habile et prélat savant, qu'il faut considérer dans son siècle, et dans ses rapports avec ses contemporains, et non mesurer à la courte vue de l'école encyclopédiste. Ce prince constituait l'université, tandis que, sous ses auspices, le savant Bacquenois fondait à Reims la première imprimerie. Alors brillèrent Nicolas Béguin, auteur de précieux travaux chronologiques; Buridan, savant jurisconsulte; Nicolas Chesneau, dit *Querculus*, d'une vaste érudition; Faciot, dit *Vulteius*, poète satirique, que sa galanterie et le mérite de ses épigrammes introduisirent à la cour de François I.er; le théologal Meurier, dont les sermons sont encore d'intéressans documens historiques; le savant Frémyn, premier recteur d'une université, qu'il dotait de ses biens; D. Rainssant, ascétique, profondément instruit des mystères du cœur humain; Guillaume Baussonnet, poète ingénieux et facile; Jean Foigny, créateur d'une seconde imprimerie; enfin, Nicolas Bergier, né le dernier peut-être, mais le premier aujourd'hui, par l'importance de ses travaux, et par la généralité de vues qui les a dirigés et coordonnés.

Nicolas Bergier naquit à Reims le 1.er Mars 1567. Elève de l'université nouvellement fondée, il y professa les belles-lettres; puis, précepteur, pendant quelque temps, des enfans du comte de S.t-Souplet, il quitta bientôt l'enseignement, et se fit recevoir avocat. Ses talens et son habileté lui concilièrent promptement les suffrages de ses concitoyens; il fut élu syndic de la ville, et, à ce titre, chargé d'en défendre les intérêts à Paris. Nos archives possèdent une collection de lettres autographes, dans lesquelles il rend compte des diverses affaires qu'il eut à traiter près des conseils du roi, et des cours souveraines.

Ses premiers travaux littéraires eurent pour objet l'histoire de Reims. Nous en avons les deux premiers livres, où l'auteur, traitant de l'origine et des mœurs antiques des nations, fait preuve de connaissances étendues et variées. Des quatorze autres livres qui devaient compléter cet important ouvrage, on n'a que la table et les sommaires des chapitres, d'où vient que ce volume a été simplement intitulé *Dessein de l'histoire de Reims*. En examinant attentivement ce vaste *dessein*, on voit que Bergier avoit compris que, dans l'histoire de Reims, celle de l'église et de ses premiers pasteurs doit occuper une très-grande place, mais non la principale, qu'il réservait aux institutions démocratiques et municipales de sa patrie. On le voit, recherchant nos libertés antiques jusqu'au milieu du sénat élu dans la gauloise *Durocortum*, suivre à la trace ce précieux dépôt entre les mains des scabins de la race franque, jusqu'au jour où il se retrouve dans les privilèges du Conseil de ville, après avoir été le fondement de la Commune, et le principe de la charte Wilhelmine. Admirables monumens, qui, soustraits par le christianisme aux dévastations des tribus du Nord, forts et inattaqués durant les deux premières races, n'avaient survécu, quoique mutilés, aux luttes sanglantes de la féodalité, que pour venir s'absorber de nos jours dans le despotisme de la centralisation moderne. Combien il est à regretter que la mort ait arrêté le savant et laborieux auteur, dans l'exécution de son *dessein!* Après les événemens, qui, sur la fin du dernier siècle, ont dispersé les richesses de nos vieux chartriers, qui pourra nous dire, comme l'eût fait Bergier, et les formes de l'ancienne république rémoise avec ses élections annuelles des chefs civils et militaires, et les états-généraux de la Gaule Belgique, s'assemblant à Reims, capitale de ces belles contrées, et le druidisme antique avec ses colléges de prêtres savans et ses terribles mystères? Qui tentera maintenant l'histoire de cette église de Reims, qui, à une époque encore voisine de son berceau, réalisa, par ses lumières et sa haute influence, l'un des plus grands événemens, dans les annales de la civilisation, en courbant le victorieux Clovis, vivante expression de la force brutale, sous la parole puissante du gaulois Remi, personnification sacrée de l'intelligence? A côté des grandes institutions politiques et religieuses, Bergier se proposait de montrer comment l'instruction, cessant d'être un mystère comme sous le Druidisme, et un délit comme sous la tyrannie des Césars, devint, dès l'origine de l'église, la gloire de notre vieille cité; comment, dans tous les temps, les études y furent en honneur, et l'enseignement public florissant; comment enfin l'industrie, qui est aussi l'une des gloires de la patrie, ne cessa jamais d'y être active et honorée, meme sous la domination romaine, alors que nos pères fabriquaient, pour les maîtres du monde, d'élégantes et fortes armures, et de riches tissus, recueillis dans les garde-robes impériales. Avec les documens aujourd'hui perdus, nous eussions retrouvé les anciennes monnaies, les costumes, les meubles, les usages du vieux Reims, puis tous ces monumens historiques, tapisseries, statues, reliquaires, inscriptions, et ces merveilleuses constructions du moyen âge, chefs-d'œuvre d'une époque si féconde en prodiges.

Après la mort de Bergier, le président de Bellièvre, son ami et son patron, engagea Duchesne, historiographe du roi, à continuer l'histoire de Reims sur le plan même de l'auteur. Duchesne le promit, et s'étant mis en possession de tous les renseignemens réunis par Bergier, vint à Reims, pour compléter, par ses propres recherches, le travail commencé. Le conseil de ville lui ouvrit ses archives, et les autres dépôts publics furent mis à sa disposition, à l'exception toutefois du cartulaire du chapitre, dont la communication fut refusée, dans l'intérêt, mal compris assurément, du chanoine Cocquault, qui travaillait alors à son grand ouvrage. Duchesne retourna à Paris avec quelques documens nouveaux, et avec la promesse qu'on lui adresserait de Reims tout ce qu'il demanderait, même les notes à prendre dans les archives capitulaires; mais il ne demanda rien, et ne fit rien. Si les manuscrits de ce savant sont à la bibliothèque royale, il ne serait peut-être pas impossible de retrouver dans ses cartons les notes et documens de l'auteur du *Dessein de l'histoire de Reims*.

Bergier, pendant ses voyages à Paris, pour les affaires de la ville, avait cultivé l'amitié de M. Du Lys, avocat-général près la cour des aides. A la suite d'une conférence sur l'origine des droits de haut-passage, péage, traites-foraines, etc., ce magistrat frappé de l'importance des faits historiques allégués par Bergier, le pria de *luy mettre par escrit ce qu'il luy en avoit dit de vive voix. Ce que je fis très-volontiers*, dit l'auteur, *et je pensois en être quitte pour deux ou trois heures au plus, bien esloigné du dessein d'en faire un juste volume. Cet escrit s'accrut insensiblement entre mes mains.......................... Or, quoyque je recognusse assez, que je n'avois pas la suffisance requise pour un œuvre de si grand poids, et que je peusse m'excuser sur l'histoire de Reims, jà de longtemps par moy commencée : si est-ce que les loix de l'amitié sincère qu'il* (M. Du Lys) *me portoit dès lors, me forcèrent de luy promettre d'en faire une espreuve.*

Dans ce livre, fruit d'une érudition immense et presque incroyable aujourd'hui, Bergier, la carte de Peutinger à la main, éclaire l'itinéraire d'Antonin de tous les textes de l'antiquité grecque et latine, et, dépouillant de leurs inscriptions tous les monumens connus, reproduit et reconstitue le territoire du vaste empire romain, (1,200 lieues de l'orient à l'occident), contenant à peine ses 113 provinces entre le détroit de Gibraltar et l'Euphrate, l'Atlas et les îles Hébrides, les Palus Méotides et les cataractes du Nil. Sur ce colossal assemblage, l'auteur développe le puissant système de routes militaires, qui, du *milliarium aureum* planté au centre de la ville éternelle, s'en va déroulant, jusqu'aux extrémités de l'empire, ses innombrables ramifications, prodigieux réseau étreignant de ses mille mailles d'airain tout l'univers alors connu. Ces chaussées gigantesques, d'une solidité à défier les efforts des hommes et du temps, furent tout-à-la-fois les véhicules du despotisme militaire du peuple-roi, et les canaux d'absorption de la centralisation romaine. En suivant Bergier, dans ses savantes investigations, nous voyons les grands chemins se diviser en postes, mais pour le service exclusif du Pouvoir; nous y rencontrons le coureur aux pieds nus, rapide porteur des nouvelles d'une poste à l'autre; le chrétien fidèle accouplé au malfaiteur condamné aux travaux des routes; les légions conquérantes transplantant leurs aigles dorées des forêts de la Germanie dans les sables d'Afrique; puis les riches équipages d'un proconsul, puis les charriots attelés de bœufs roulant jusqu'à Lyon les tributs prélevés sur les Gaules, transportant à Reims, et dans les 14 autres garde-robes impériales, les étoffes de pourpre teintes, par privilége, à Toulon et à Narbonne; ou bien enlevant la monnaie frappée, pour César, dans la ville d'Arles, sans autre effigie que celle d'un génie ailé; et, parmi tout ce mouvement bien stérile pour le bonheur de l'humanité, quelque pauvre disciple du Nazaréen, se glissant, humble et silencieux, pour porter aux opprimés du grand empire la bonne nouvelle de l'abolition de l'esclavage, et de la résurrection des peuples. De chaque côté s'offrent à la vue des palais, d'élégantes villa, de fastueux sépulcres, et les hermès symboliques, et les bornes milliaires avec leurs précieuses inscriptions; des temples, des hippodromes, des arcs de triomphe: pages brillantes d'une magnifique histoire, qu'ont déchirées, en passant, ces hommes forts, venus du septentrion, auxquels il fut donné de déblayer le vieux monde païen, pour faire place aux merveilles de la civilisation chrétienne.

Ce curieux ouvrage distribué en cinq livres, et en un grand nombre de chapitres et de paragraphes, se distingue également par une vaste et solide érudition et par l'ordre logique de ses divisions. Le style en est surtout remarquable par sa vigueur, sa clarté et une sage abondance. A ne considérer cette œuvre de Bergier que sous le rapport purement littéraire, elle seroit encore une des productions les plus intéressantes de l'époque de transition entre la langue de Montaigne et celle de Pascal.

L'histoire des grands chemins de l'empire romain, imprimée, pour la première fois, en 1622, a été traduite en latin par Henninius, avec des notes de l'abbé Dubos. *Il en existe aussi une traduction italienne du P. Bacchini, bénédictin.* Le mérite de ce livre fut promptement apprécié, et Louis XIII, sur le rapport de ses ministres, donna à Bergier, le titre d'historiographe avec une pension de six cents livres. Ses liaisons d'amitié devinrent dès ce moment plus intimes, et le savant président de Bellièvre voulut le retenir chez lui. Il y demeura quelque temps, et ce fut à Grignon, dans le château de ce magistrat, qu'il mourut le 18 Août 1623. M. de Bellièvre lui éleva un monument, avec cette inscription latine.

A. X. Ω.

Nicolao Bergier in patriâ Remorum civitate, magistratu municipali, summâ fidei et diligentiæ laude perfuncto, sed longè clariore apud eruditos memoriâ, edito insigni de viis publicis Imperii Rom. opere, aliisque monumentis quibus ingenii luce, judicii acumine, multiplicique eruditione præstitisse cunctis facile constat, literarum nomine, morumque sibi acceptissimo : quod dum procul domo agit, secumque in fundo suo Grinione diversatur, febri autumnali correptum mors satis immatura oppresserit, illius nomini, posteritatique vitam, quo fieri potest modo, redditurus, hospiti suo, clientique suavissimo.

NICOLAUS BELLEVREUS H. P. M.

Natus ego Remis studiis et nomine Pastor,
Auspicio excepi te Lodoice bono.
Dum sacer æterno ceromate firmat Aliptes
Qui ferat audaci Gallica sceptra manu.
Pythagoræ numeros, doctique arcana Platonis
Novimus, et nostrâ musica crevit ope.
Appia cunctarum quondam Regina viarum.
Et teritur cartis plurima strata meis.
Grammaticen colui, nostri monumenta laboris
Plura relicturus invida mors vetuit.

Obiit XV. KL. VII. br. CIↃ. IↃC. XXIII.

Vixit ann. LVII.

R. I. P.

On a, de Bergier, un *Traité du point du jour*, connu aussi sous le titre d'*Archemeron*, ou *traité du commencement des jours*. Cet ouvrage contient la solution de quelques questions curieuses de cosmographie. Il a laissé en outre un poème d'environ 350 vers, en l'honneur de Jeanne-d'Arc, une traduction en vers français d'un fragment de Stace sur la statue du cheval de Domitien, diverses poésies insérées dans les recueils du temps, et en manuscrits, *l'histoire de S. Albert*, des traités *de l'excellence des belles-lettres*, *de l'antiquité et de l'excellence de la poésie*, *de la musique spéculative*, et *le bouquet royal ou parterre des riches inventions qui ont servi à l'entrée du roi Louis le Juste en sa ville de Reims*. Ce dernier a été imprimé en 1637, par les soins, et avec un supplément de P. Delasalle, avocat du roi en l'élection. C'est une description des cérémonies et fêtes du sacre de Louis XIII, avec quelques observations historiques, et où se trouvent réunies toutes les harangues, devises, sonnets, poèmes et inscriptions, que fit naître la circonstance.

Bergier eut un fils, procureur au présidial de Reims. Les seuls représentans de cette ancienne et honorable famille sont aujourd'hui MM Jacob, qui ont conservé, dans leurs armes, la devise, *μηδὲν θαυμάζειν* (*ne s'étonner de rien*) inscrite autour du portrait de l'auteur de l'histoire des grands chemins.

NICOLAS BERGIER.

Après avoir rempli avec zèle et distinction, les fonctions municipales dans la ville de Reims, sa patrie ; après s'être acquis un nom illustre entre les savans, par son remarquable ouvrage des chemins publics de l'empire romain, par sa vaste érudition, par son goût pour les belles-lettres, et par une vie honorable, meurt prématurément, victime d'une fièvre dévorante, tandis qu'il cherchait au château de Grignon, quelque délassement des affaires qui le tenaient éloigné de chez lui. Ce monument destiné à sauver de l'oubli son nom et sa mémoire, lui est érigé par son hôte et son ami.

NICOLAS DE BELLIÈVRE. H. P. M.

Reims a vu ma naissance, et Bergier fut mon nom.
Ta présence, ô Louis! féconda mon génie,
Ce jour où, dans tes mains, l'ange de la patrie
Vint affermir le sceptre. Aux dogmes de Platon
J'initiai mon âme, et, du vieux Pythagore
Disciple studieux, à la lyre sonore
Je ravis ses secrets. Du Colosse romain
Par mon art évoqué, mon œil contemporain
Marqua, suivit les pas sur la face du monde.
Que n'eût point fait encor ma science profonde,
Quand la Parque jalouse arrêta mon destin!

Mort le 15 des Calendes de Septembre 1623.
A vécu 57 ans.
Qu'il repose en paix!

L'Hôtel-de-Ville possède un portrait original à l'huile, de NICOLAS BERGIER : celui que nous publions est lithographié d'après E. Moreau, dont le dessin fait du temps de l'auteur jouit de l'estime générale, et a le mérite de reproduire les traits de BERGIER, à l'époque de sa plus grande célébrité.

REIMS, IMPRIMERIE DE REGNIER.

LES BUREAUX D'ABONNEMENT SONT CHEZ CORDIER, LIBRAIRE-ÉDITEUR, rue de l'Écrevisse, n.º 2, à Reims.

Pellée fecit. Lith. Th. Hubert, rue de St Crépin

PORTAIL DE St NICAISE.

Reims Gordier Éditeur et Libraire.

A Dubasty del. Lith Thé Hubert, Rue d'Artois, 23. Pellé lith.

Hues Libergiers,

Architecte de St Nicaise de Reims,

Mort en 1263.

REIMS

PITTORESQUE,

Ancien et Moderne.

St.-NICAISE ET SON ÉGLISE.

L'EMPIRE romain touchait à sa ruine. Le 4.ᵉ siècle avait épuisé tout ce qui restait de vigueur en ce corps décrépit, pour enfanter les Constantin, les Julien, les Théodose. A l'opposé de ce déclin, s'élevait la naissante église chrétienne, fécondée par 300 ans de persécutions et de désastres, et proclamant son triomphe par la voix des Jérôme, des Augustin, des Jean Chrysostôme. Alors un grand travail s'opérait au fond des sociétés humaines, qui, toutes, faussées dans leurs principes et paralysées dans leurs progrès par l'idolâtrie antique et par la tyrannie romaine, se précipitaient à l'envi dans le christianisme, pour y retrouver, avec les titres et les droits de l'humanité, la véritable expression de tous les rapports sociaux. Ce fut à cette époque, si intéressante entre toutes les époques historiques, à cause de sa double action de création généreuse et de honteuse décadence, ce fut vers la fin du 4.ᵉ siècle, que Nicaise occupa le siége métropolitain de Reims, et parmi tant de savans illustres, tant d'écrivains et d'orateurs qui ne le cédaient en rien aux plus fameux de l'antiquité, Nicaise ne fut pas le moindre. A la pratique des hautes vertus qu'inspire l'évangile, il joignit le savoir et une puissante éloquence. Sa renommée l'avait précédé dans la Gaule, quand il parcourut en apôtre les provinces belgiques, rappelant à des peuples dégradés la dignité de l'homme et les devoirs qu'elle impose, et cherchant à rallumer dans la ferveur des sentimens chrétiens, le sentiment dès long-temps éteint de la gloire nationale et du patriotisme. Nicaise avait pressenti la chute imminente de l'empire, et il la prédisait hautement comme un événement prochain. Il avait entendu au loin le cri de guerre des peuplades du Nord, et, sous ses pas, les mugissemens de l'abîme où devait s'engloutir le trône des Césars.

Dans la prévision de quelque grande calamité, les habitans, par le conseil et sous la direction de leur évêque, travaillèrent à mettre en état de défense cette ville de Reims, cité *prépotente*, suivant l'expression de St.-Jérôme, et dont le sort pouvait décider de celui de toute la Gaule belgique. Les murailles et les tours furent réparées, la citadelle augmentée: et peut-être faut-il rattacher au système de fortifications de cette terrible époque, les divers souterrains plus d'une fois découverts dans les fouilles de nos constructions modernes, et qui, tous, d'origine romaine, se dirigent du lieu où fut la citadelle, vers les lieux où devaient être les ouvrages de défense extérieure. L'église cathédrale s'élevait alors au centre de la ville, sous le vocable des SS. Apôtres, là où fut depuis la collégiale de St.-Symphorien. Cette situation était peu sûre; on voulut mettre à l'abri le temple dépositaire des mystères sacrés, et organe des vérités saintes; une nouvelle église fut construite dans l'enceinte de la citadelle, sur le terrain même où l'on admire aujourd'hui notre belle cathédrale. Nicaise la dédia à Marie, Vierge-Mère de l'Homme-Dieu : traduisant ainsi, dans un monument public et durable, ce dogme si gracieux de la foi chrétienne, qui place une faible femme sur le trône du Tout-Puissant, et consacre, dans les rites d'un culte touchant, l'état social de la femme, qui, triste prisonnière chez les Grecs, instrument et matière de grossiers plaisirs en Orient, esclave et presque bête de somme parmi les nations du Nord, s'élève, dans le christianisme, à la dignité d'épouse et de mère, et redevient, suivant l'intention première du créateur, la moitié nécessaire de l'homme, et comme une portion intégrante de lui-même : véritable et réel *affranchissement*, au-delà duquel il n'y a plus que des visions folles et d'inapplicables théories.

Cependant les méprisables fils du grand Théodose, Arcadius à Bysance, Honorius à Rome, traînaient dans l'ignominie la pourpre impériale. Ce dernier livré à la perfide influence du Vandale Stilicon, avait laissé tomber de ses débiles mains les rênes de l'état. Stilicon était l'empereur d'Occident. Ambitieux et traître, ce demi-barbare, comme l'appellent les historiens du temps, opposait aux attaques incessantes des barbares, non plus le glaive et le bouclier, mais d'opulentes rançons, prix incertain d'une paix éphémère, appâts infaillibles offerts à la cupidité de ces nations pauvres. Après avoir, dans son odieuse politique, presqu'entièrement dégarni de troupes la frontière du Nord, et laissé sans défense le passage du Rhin, Stilicon fait signe à son allié secret, Gonderic, deuxième roi des Vandales. Aussitôt les bords de la Baltique, et la Bohême, et la Pannonie, vomissent, dans la Germanie, leurs populations innombrables; les Suèves et les Alains s'unissent aux Vandales : leur course est rapide et dévorante comme la lave d'un volcan; ils écrasent, en passant, les Francs, qui leur faisaient obstacle; Mayence et Worms sont pris et incendiés, et, le 31 décembre 406, le torrent dévastateur franchit la limite du Rhin. La Gaule éperdue, abandonnée par la lâcheté de l'empereur, en appelle à ses évêques, à leurs lumières, à leur haute influence, et, au milieu des bataillons improvisés, la crosse pastorale prend la place de l'aigle romaine. Ainsi naissait d'un pressant besoin, et par le consentement unanime des peuples, ce pouvoir temporel, si étourdiment injurié depuis, parce qu'il a cessé d'être, ce qu'il fut d'abord, une nécessité sociale, et la première sauve-garde de la civilisation.

Répondant au cri de la patrie en danger, Nicaise, suivi d'Eutrope, sa sœur, et d'un clergé dévoué, s'enferme dans Reims, avec l'élite des citoyens. Tout le reste avait fui. Alors une défense terrible est opposée à de terribles attaques; mais tandis que l'ennemi renouvelle chaque jour sa force et ses ressources offensives, chaque jour aussi, les Rémois perdent sans retour quelques uns de leurs moyens de résistance. Epuisés enfin par les veilles, la fatigue et la faim, ils entourent Nicaise, et n'ayant plus que leurs vies à perdre, pour prolonger de quelques jours la défense du pays, ils veulent consommer ce dernier, mais inutile sacrifice. Le sage pontife les dissuade d'un effort évidemdemment insensé; il se présentera lui-même au vainqueur, et seul il périra, s'il le faut, pour sauver ce qui reste de ce malheureux peuple. Tous se retirent donc dans la citadelle; les remparts sont abandonnés, et la ville, envahie par les hordes féroces, est livrée à toutes les horreurs du pillage, à la plus effroyable dévastation: et peut-être doit-on dater de ce jour funeste les nombreux vestiges d'habitations incendiées, qui se rencontrent si souvent dans le sol du vieux Reims, à des profondeurs de 15 à 20 pieds. Bientôt le vainqueur furieux entoure le dernier asyle où sont réfugiés le pasteur et le troupeau : toute résistance est superflue.

Alors apparaît au seuil de la cathédrale, et dans tout l'éclat des pompes religieuses, le cortége vénéré des prêtres et des clercs, chantant, comme en un jour de fête, les cantiques pieux et les hymnes sacrés. Nicaise marche le premier, sans autre armure que les signes augustes du pontificat. Son geste sollicite et obtient le silence. C'est à des chrétiens qu'il parle, et tout barbares et hérétiques qu'ils sont, sa voix les trouve un moment attentifs. Il leur adresse des paroles de paix et de miséricorde; il leur montre son peuple vaincu et suppliant; il prie, il exhorte, il conjure; il menace, il promet au nom du Dieu vivant; puis il s'agenouille, offrant sa vie ponr son troupeau. En ce moment un soldat s'élance hors des rangs, et, dans sa rage impie, abat la tête du martyr. Eutrope s'était jetée à la défense de son généreux frère, elle tombe percée de coups, après avoir, dans une lutte rapide, arraché les deux yeux du meutrier sacrilége. Les diacres Joconde et Florent sont immolés à leur tour. Mais à la vue de tant de meurtres, et d'un si lâche attentat commis aux pieds des autels, le Vandale s'arrête saisi d'une terreur soudaine. Il entend, sous la voûte sanglante, un long mugissement; des apparitions vengeresses ont frappé son regard, et voilà qu'aux joies cruelles du triomphe succèdent l'abattement et la peur. La troupe épouvantée se disperse et s'enfuit, oubliant le butin, et abandonnant la malheureuse ville, sauvée ainsi des derniers désastres, par le dévouement de son évêque.

Tandis que ces hordes s'en vont poursuivant à travers les Gaules, leur course de pillages et de massacres, pour enfin, après trois ans, fonder dans l'ancienne Bétique, le royaume de *Vandalousie*, les tristes habitans de Reims se réunissent et se rallient parmi les ruines de leur ville désolée.

Cinquante-sept ans environ avant cette catastrophe, un citoyen de Reims, Jovin, maître de la cavalerie romaine sous Julien, vainqueur des Allemands et consul de Rome (en 367) sous Valentinien, avoit fondé, hors de la ville, une église sous l'invocation du martyr Agricola. Près de ce temple, le long de la voie Césarée (dont le nom et la direction se retrouvent encore dans la rue Saint-Jean) on avait établi, suivant la coutume des Romains, un cimetière, dont la principale sépulture fut d'abord celle de Jovin. C'est dans ce lieu que les Rémois inhumèrent avec honneur les restes précieusement recueillis de Nicaise et de ses héroïques compagnons. La reconnaissance du grand et sublime dévouement qui avait couronné cette vie de science et de vertus, décerna promptement au généreux pontife le titre de *Divus;* sa mémoire et son nom furent saints parmi les peuples; la piété fréquenta son tombeau, comme une source d'inspirations chrétiennes et patriotiques, et, quelques années après, la basilique de Jovin avait quitté le vocable de saint Agricole, pour le nom tout national de Saint-Nicaise.

A quelle époque commença la décadence de cet édifice, et de l'institution religieuse dont il était le siége? C'est ce qu'il n'est pas possible de préciser; il sera plus facile d'en indiquer les causes. Quand les rois de la première et de la seconde race eurent épuisé en donations à leurs officiers et courtisans, toutes les terres libres, dont la conquête leur avait assuré le domaine, ils disposèrent des biens de l'église, à titre seulement viager, il est vrai, en faveur de ceux que leur politique vouloit encore gagner ou récompenser. Sous les fils dégénérés de Charlemagne, tous les offices, dignités et bénéfices, qui jusques-là n'avoient été que temporaires ou viagers, devinrent héréditaires, et l'usurpation des titulaires, une fois consacrée par la force ou par le temps, produisit ce bizarre système, tout à la fois oppresseur et anarchique, qui exagéroit, au préjudice du peuple, les droits de la propriété, et constituait, au préjudice du roi, le fédéralisme féodal. Ce fut bien certainement dans ces circonstances, que le bénéfice du domaine de l'église de St.-Nicaise passa dans une famille militaire, où, suivant une charte de la première année du règne de Philippe I, il demeura jusques vers la fin du onzième siècle. On conçoit aisément que de tels bénéficiers s'occupaient fort peu de la conservation de l'édifice et de l'entretien du culte. Aussi l'église ne présentait plus que de vastes ruines, quand l'archevêque Gervais la rebâtit en 1056, et racheta du comte Thibaut, moyennant cent livres, le bénéfice du domaine, qu'il restitua ainsi à sa véritable destination. Ce prélat y établit certains prêtres réguliers, et, après avoir obtenu de Philippe I, en 1061 et en 1066, des chartes qui érigèrent le nouveau monastère en abbaye royale, et ajoutèrent à ses biens la seigneurie d'Houdilcourt, il confia l'administration du tout à des délégués de son choix. Mais à sa mort, les pouvoirs de ses délégués étant expirés, l'établissement se trouva sans chef et sans direction, au milieu des désordres de tout genre, qui troublèrent l'élection et le Pontificat de Manassès I. Les clercs de Saint-Nicaise se dispersèrent, et l'église retomba en un tel abandon, que, lors de l'élection de l'Archevêque Renauld, en 1084, le seul habitant du cloître et l'unique ministre du temple, était un jeune homme, qui, dans son enfance y avoit été recueilli et élevé. C'était Joran, qui fut depuis 6.e abbé de Saint-Nicaise, et revêtu des plus hautes dignités de l'Eglise.

En ce siècle, et dès long-temps avant, l'ordre de saint Benoît apparoissait au premier rang de la société chrétienne, comme puissance d'ordre et de civilisation. Le Mont-Cassin avait fondé sur tous les points accessibles de l'Europe, de nombreuses colonies de ces moines pieux, qui défrichèrent nos campagnes, bâtirent des milliers de bourgs et de villages, enseignèrent aux peuples l'agriculture et le commerce, établirent des foires, créèrent des routes et des ponts, puis, quand leur mission agricole et industrielle fut remplie, se livrèrent à de hautes études, et léguèrent aux générations futures les plus précieux monumens de science et d'histoire : merveilleuses institutions, élevés, dans un intérêt tout démocratique, en face de la puissance militaire et féodale, et recrutant, parmi les classes opprimées, ces moines et ces abbés, qui, entrés serfs ou vilains au monastère, en sortaient prêtres et seigneurs, et abaissaient devant le froc populaire le heaume des plus fiers barons! Ce fut à ces hommes de travail et de science, que l'archevêque Renauld remit, en 1090, l'église et le domaine de Saint-Nicaise. De ce moment, le monastère prit une forme stable et régulière, et une ère de prospérité s'ouvrit sous l'influence des disciples de saint Benoît.

Il fallut d'abord sortir de la misère. Elle était si grande et les travaux des religieux si pénibles, que l'archevêque Manassès II leur fit, par ce motif, en l'an 1100, donation d'un cens de treize septiers de vin, suivant une charte, qui a cela de remarquable, ainsi que plusieurs autres du même pontificat, que le maire et les échevins y apposèrent leurs sceaux, et y intervinrent comme ministres de l'authenticité de l'acte. L'esprit municipal vivait alors dans toute son énergie républicaine, et ces fortes corporations des métiers, dont le libre vote mettait aux mains du dernier des artisans une bannière rivale du plus noble gonfanon, avaient conservé, avec l'antique institution de l'échevinage, une liberté et une indépendance, près desquelles nos fictions constitutionnelles ne sont que des pauvretés. Les citoyens d'une même république municipale avaient pour juges et magistrats, les échevins élus par eux et entre eux; mais si le débat s'élevait entre seigneurs, ou de vilain à seigneur, les tribunaux alors manquaient aux plaideurs; le baron féodal qui, dans le désordre de la société générale, ne reconnaissait souvent d'autre juge que Dieu et son épée, n'entendait vuider ses querelles qu'en champ clos. Aussi voyons-nous, en l'an 1128, Joran, 6.e abbé de Saint-Nicaise, après avoir épuisé tous les moyens rationnels de récupérer sur ceux qui l'avaient usurpée, la terre d'Houdilcourt, jeter le gant, et provoquer, par un champion, l'illégitime détenteur, au combat singulier. Le défi ne fut point accepté, et la seigneurie contestée rentra au domaine de l'abbaye. Peu-à peu le patrimoine de Saint-Nicaise se reconstitua, et dans l'intervalle qui s'écoula de 1128 à 1229, le travail, l'économie et l'ordre avaient amassé, dans le trésor du monastère, des sommes assez considérables pour qu'il fut permis de songer à bâtir une nouvelle église.

Simon de Lions, 16.e abbé, conclut avec Hues Libergier, célèbre architecte du temps, un marché pour la construction de cet édifice, que nos pères ont admiré, et dont notre enfance a parcouru les ruines, maintenant effacées. La première pierre fut posée par l'archevêque Henri de Braine, le mercredi d'après Pâques de l'année 1229. Libergier avait élevé le portail et les tours, les nefs et le chœur, lorsqu'il mourut en 1263. Son entreprise fut continuée par un autre architecte non moins célèbre, Robert de Coucy, qui construisit les bras de la croix et le rondpoint avec ses chapelles, et termina ce chef-d'œuvre en 1297. Quoique les moines de St.-Thierry eussent donné toutes les pierres nécessaires, à prendre dans leurs carrières de Trigny et d'Hermonville, l'épargne du trésor claustral fut bientôt insuffisante, et de temps à autre les travaux demeurèrent suspendus par le défaut de fonds. Pour subvenir aux nécessités d'une si vaste construction, les religieux de St.-Nicaise firent un appel à la piété des peuples, et des quêtes eurent lieu dans tout le diocèse de Reims. Cette ressource épuisée, et les besoins renaissans, Innocent IV, vers 1245, publia des indulgences dans les diocèses de Tournay, d'Amiens et de Térouenne, où la mémoire de Saint-Nicaise avait toujours été en vénération. Pour recueillir ces libres tributs, deux moines, porteurs des bulles apostoliques et de la permission de l'Ordinaire, parcouraient les villes et les campagnes, réunissant, autour d'un char sur lequel reposaient les reliques du Saint, les populations nombreuses, qu'ils exhortaient, dans de brèves allocutions, à contribuer par leurs aumônes à l'achèvement de l'œuvre. Certes si jamais impôt fut libre et librement acquitté, c'est bien évidemment celui que payaient de la sorte des peuples cédant à l'énergie spontanée de leurs plus intimes convictions: et nous nous permettons de croire que ces libres aumônes, fruit des croyances sincères d'une époque profondément religieuse, peuvent soutenir la comparaison avec les souscriptions volontaires de notre siècle avare et sans foi, dont les prétentieuses cotisations n'ont encore rien créé que d'éphémère comme l'opinion qui les produit, et ne sont, pour la plupart, que de mesquines taquineries politiques, ou de parcimonieuses vanités philantropiques.

En parcourant les annales de l'abbaye, on voit qu'elle fut long-temps obérée par les frais de cette gigantesque entreprise; en 1328, une nouvelle quête eut lieu dans le diocèse de Cambray, et l'urgence des besoins fut telle, qu'en 1346, le monastère vendit, en vertu d'une charte de Philippe de Valois, une statue d'argent que ce prince avait offerte à l'église St.-Nicaise, en *ex voto*, à l'occasion d'une maladie grave de Jean, duc de Normandie, son fils aîné. Elle fut remplacée aux termes de la même charte, par une statue de bois argenté. Enfin quelques parties de l'édifice, non encore terminées, le furent en 1531, au moyen d'une dernière quête autorisée par l'archevêque Robert de Lenoncourt.

Cependant la ville s'était insensiblement agrandie, et les habitations agglomérées, sous la protection puissante des abbayes de St.-Remi et de St.-Nicaise, se trouvaient jointes avec la cité principale, par les constructions nombreuses, qui débordaient sur tous les points, tant dans le faubourg de St.-Denis, que le long de la voie Césarée, ou rue du Barbâtre, hors de la porte Basée, Les habitans de cette ville nouvelle fréquentaient les écoles publiques entretenues par l'abbaye de St.-Nicaise. Car, pour le remarquer en passant, le christianisme fidèle à sa mission divine, qui est d'abord l'enseignement de toute vérité, n'a jamais fondé un établissement religieux, sans le compléter par la création d'une école, et la formation successive d'une bibliothèque. L'échevinage, seul chef militaire alors dans la ville de Reims, avait tracé l'enceinte et élevé le mur de clôture qui subsistent encore aujourd'hui, et on avait, en suivant la direction de la voie Césarée, pratiqué la porte dite de St.-Nicaise, dont les citoyens confièrent la clef à l'abbé de ce monastère. Et telle était alors la puissance de la commune, qu'en 1249, quand Simon de Marmoustiers, 18.e abbé, obtint de l'archevêque Thomas de Beaumets, la permission d'entourer de murs l'église et les bâtimens claustraux, il en fut empêché par la ferme résistance des échevins, qui craignaient que les constructions projetées ne fussent un obstacle ou un danger en cas de siége. En vain une bulle du pape Clément IV vint confirmer la permission de clôture; cette intervention de la plus haute et de la plus vénérée puissance du monde, ne suffit point à vaincre la patriotique résistance des Rémois, et ce ne fut que vers l'an 1275, après une lutte d'environ 26 ans, que le différend fut accommodé par la médiation de Philippe le Hardi et de la reine Marie de Brabant, sa deuxième femme. Le mur fut établi à huit pieds de distance de l'enceinte de la ville, et avec toutes les précautions que put exiger la sécurité des habitans.

Moins d'un siècle après, la prévoyance des échevins de Reims, fut justifiée par l'événement. Les états-généraux du royaume assemblés pendant la captivité de Jean II, rejetèrent, dans leur séance du 29 mai 1359, l'onéreux traité de Londres, qui pourtant devait délivrer la personne et dégager la parole du roi de France.

Edouard III, furieux d'un tel refus, que de nos jours *peut-être* il n'eut pas éprouvé, débarque à Calais avec une armée nombreuse, se répand dans la Picardie et la Champagne, et vient mettre le siége devant Reims, qu'il abandonne bientôt, repoussé par le courage et l'énergie des habitans. A son approche, la porte de St-Nicaise avait été murée, et le demeura depuis, facilement remplacée par la porte de Dieu-Lumière, dans le ban de l'abbaye de St-Remi.

Vers la fin de ce siècle, un schisme déplorable divisa, pendant 40 ans, l'Eglise catholique. Le pape de Rome et le pape d'Avignon se jetèrent, chacun de son côté, dans tous les abus de pouvoir, pour multiplier le nombre de leurs adhérents respectifs, et se conserver une thiare, dont les plus habiles et les plus savants n'ont pu décider encore quelle fut la légitimité. Avignon exploitait en grand la féconde invention des *grâces expectatives*, au moyen de laquelle cette cour prétendue pontificale, sans respect pour l'antique discipline de l'église, sans égard pour les constitutions spéciales des corporations religieuses, disposait, au gré d'une damnable ambition, de toutes les dignités et de tous les biens ecclésiastiques. Déjà l'abbaye de St.-Nicaise avait subi cinq abbés de la création des *grâces expectatives;* les religieux craignant de se voir définitivement dépouillés de leur droit d'élection, invoquèrent la médiation de l'échevinage entre eux et le pape d'Avignon, bien que le roi appuyât alors les prétentions de ce pontife. Un pareil fait est la meilleure démonstration de la haute importance qu'avaient les élus de la cité. Ce précieux pouvoir survécut peu à la circonstance grave, que nous venons de signaler; en 1448, Charles VII *accorda* à la ville de Reims la charte d'érection du conseil de ville, c'est-à-dire, qu'il dépouilla l'échevinage de la puissance militaire et des attributions judiciaires, qu'il s'appropria, pour ne laisser aux habitans que l'exercice, mais du moins complet et indépendant, des fonctions administratives. Ce n'est pas ici le lieu de développer les conséquences graves de ce coup d'autorité, germe fécond des abus de la centralisation. Mais on va voir comment l'abbaye de St.-Nicaise en ressentit, en 1531, les terribles effets.

Léon X cédant, par un excès de pouvoir, aux nécessités de son époque, et François I.er mû par cette convoitise, qui, au commencement du 16.e siècle, poussait chaque souverain à s'emparer des biens de l'église, les uns au moyen de l'hérésie, les autres par la ruse des négociations, Léon X et François I.er, disons-nous, avaient signé ce fameux concordat, qui ravit à l'église de France tout ce qui lui restait de son antique liberté, et livra le domaine du Christ, en proie à la rapacité des courtisans et des maîtresses. Les parlemens, les compagnies savantes, les congrégations religieuses protestèrent à l'envi contre un tel acte de despotisme. Les moines de St.-Nicaise, soutenus par le bon sens et les efforts de la population, refusèrent de reconnaître l'abbé commendataire, que le roi avait nommé pour eux, en vertu du droit nouveau qu'il venait de se créer. Mais la centralisation, quoique naissante, était forte et vivace; elle se mit à l'œuvre, et, au mois de mai 1531, le monastère fut assiégé et pris d'assaut par les troupes du roi, que commandaient à Reims les officiers du roi. Cette victoire des milices royales coûta à l'église une magnifique rose d'un des bras de la croix, qui, dans sa chute, brisa le buffet d'orgues. Ce désastre fut, à grands frais, réparé par Claude de Guise, 2.e abbé commandataire, qui put se faire ainsi pardonner le vice de sa nomination.

L'abbaye de St.-Nicaise demeura dès lors comme inféodée à la maison de Lorraine, jusqu'à l'époque où, profitant de la résignation que lui en fit, en 1643, l'archevêque Henri de Lorraine, Louis XIII en réunit le bénéfice à la Manse abbatiale de la Ste.-Chapelle de Paris.

Les bénédictins de la congrégation de St.-Maur avaient depuis peu remplacé ceux de l'ancienne règle. Les solitaires du couvent de St.-Nicaise traversèrent, dans la paix du cloître, et le silence des fortes études, les splendides années du règne de Louis XIV. Les malheureuses querelles suscitées par l'ambition des jésuites à ceux qu'on appela jansénistes, retentirent un moment dans le vieux monastère, qui évita la persécution, sans admettre pourtant, comme articles de foi ou nécessités du culte, les inventions loyolistes.

Tandis que l'église se divisait contre elle-même, pour de déplorables subtilités, l'ennemi la débordait de toutes parts et prenait d'inexpugnables positions. Le 18.e siècle fut la plus haute expression de cet esprit de vertige et d'erreur, qui, dans sa très-crédule incrédulité, sans étude préalable et sans examen quelconque, se proclama philosophique, en abjurant toute philosophie; patriote, en reniant la patrie et bouleversant l'histoire; libéral, en détruisant toutes les libertés publiques; philantrope, en desséchant tous les sentimens généreux et humains, et sensible enfin, de peur d'être charitable. Dans cette effroyable confusion d'idées et de doctrines, les germes de destruction semés et graduellement développés par le concordat de Léon X, grandirent tout-à-coup avec une rapidité, d'autant moins combattue, qu'elle était secondée, dans sa progressive activité, par les plus énormes et les plus scandaleux abus, dans tous les rangs de la hiérarchie ecclésiastique. Le retentissement funèbre de l'explosion révolutionnaire arracha à leurs pieuses et savantes élucubrations, les religieux de l'abbaye de St.-Nicaise, et le fatal niveau, précurseur de l'esprit de démolition et de ruine, passa sur ces grandes institutions, que recommanderont toujours à la reconnaissance du monde, dix siècles de bienfaits et de travaux utiles.

Les ordres monastiques ont civilisé l'Europe et reconquis l'histoire.

H. F.

Biographie.

HUES LIBERGIER, -- *Architecte du 13.me Siècle.*

Ce que l'histoire nous apprend du célèbre architecte, à qui les arts sont redevables de la belle église de St.-Nicaise, se réduit à fort peu de chose. On sait seulement que Hues Libergier commença ses travaux sous l'archevêque Henry de Braine, en l'année 1229, et qu'il mourut en 1263, avant que son œuvre ne fut terminée. Si les archives de la ville étaient en possession des cartulaires de nos anciennes fondations ecclésiastiques, il ne serait pas impossible de retrouver dans les titres de l'abbaye St.-Nicaise, des documens précieux pour l'histoire de cette église et de son architecte : à leur défaut, nous ne pouvons que répéter ce que nos devanciers ont dit. Voici la courte mention qu'on trouve à ce sujet dans l'un des plus prolixes historiens de Reims :

« Année 1228 : Admirable structure, tant artistement faite de l'église de St.-Nicaise de Reims, admirée de tout le monde : l'architecte de laquelle église fut *Hugues Le Bergier*, fort recommandé à son temps . . . . . . son esprit fut environ quarante ans à la bâtir, et étant presqu'achevée, mourut. Est enterré à l'autel de l'église, près le portail, sous une tombe, sur laquelle il est représenté. (Mémoires de Coquault, t. 3. p. 73. *Manuscrit de la Biblioth. de Reims.*)

A ces courts renseignemens, nous ajouterons une description aussi complète que possible, de l'édifice qui fit la gloire de Libergier : ce sera du moins une manière de louer l'artiste dont la vie nous est si peu connue. Il y a d'ailleurs nécessité aujourd'hui de décrire les monumens de l'ancienne France. « La des-
» cription des sites, dit quelque part
» Charles Nodier, n'est point une chose
» si pressante : ils restent, changent
» peu de formes ou s'embellissent en
» changeant. Les monumens passent,
» ils passent rapidement surtout quand
» ils appartiennent à l'ancienne institu-
» tion de l'état, et que l'institution nou-
» velle impatiente de tout renouveler
» avec elle, conspire avec le temps pour
» les détruire et n'oppose rien aux
» effets du temps qui les détruit! »

Et la description de l'église St.-Nicaise est d'autant plus utile que parmi nous, beaucoup sont trop jeunes pour l'avoir vue debout, et que parmi ceux qui ont pu la voir, il en est peu qui s'en souviennent ou du moins qui soient en état d'en rendre l'idée.

La description qui suit est extraite d'un curieux mémoire, présenté par M. Povillon-Pierrard à la société d'agriculture de Châlons en 1822. L'auteur prévient que la notice suivante est en partie extraite d'un *Précis historique sur l'église de St.-Nicaise;* par dom Philibert Leauté.

« Le portail de l'église St.-Nicaise de Reims était remarquable par trois vestibules qui servaient d'entrée ; le plus grand était construit à deux battans, comme les deux autres. On remarquait sur les portes de pierre la représentation du jugement dernier, le paradis à droite, et l'enfer à gauche, avec la figure du Sauveur assis sur un trône, tout-à-fait semblable au modèle qui en fut rapporté en ce temps là de la ville de Constantinople. Le tableau de l'enfer était remarquable par sa composition. D'un côté et à gauche du spectateur étaient des groupes de damnés, les uns exprimant la douleur, les autres le désespoir; ceux-ci se couvrant le visage de leurs mains, ceux-là semblant grincer les dents et se tordre les poings. De l'autre côté et à droite, s'avançait vers eux une figure de femme. Elle était armée d'une longue fourche, et chassait un énorme chien à longue queue et à courtes oreilles, attelé à un tombereau dans lequel elle se tenait debout.

» Cette figure hideuse ne pouvait représenter que le diable occupé à voiturer ses victimes dans son affreuse demeure.

Le vulgaire qui s'appliquait à cette sculpture, s'était plu à donner à la figure du diable le nom de *Mère Blonde*, par dérision, puisque satan est toujours représenté noir. Quoiqu'il en soit de cette sculpture, elle a long-temps servi d'épouvantail aux enfans, auxquels il suffisait de la montrer et même d'en parler, pour les faire craindre ou pour les faire cesser de pleurer. On voyait aussi sous les ailes du grand vestibule et de côté et d'autre, un bas-relief des douze apôtres, placé sur deux colonnes de marbre, St.-Nicaise, portant sa tête entre ses mains, occupait le milieu; il était placé sur une colonne qui lui servait de *pied-douche*. Le vestibule du côté droit représentait une image sculptée du martyr de St.-Nisaise et de sa sœur Ste.-Eutrope; à gauche était le martyr de St.-Vital et de St.-Agricole, sous l'invocation desquels cette église fut d'abord consacrée. Ces trois vestibules étaient ornés, dedans et dehors, de chapiteaux et de fleurs taillées dans la pierre, et de cinquante colonnes de marbre, qui les relevaient infiniment dans leur partie inférieure. Il y avait sept arcades de forme ogive, dont trois qui formaient les vestibules, et les quatre autres non caves étaient ornées d'arabesques taillés à plein et en relief. Il a paru que ces ornemens les plus délicats de sculpture ont été peints autrefois, et que les figures en pierre ont été dorées. Ce qui relevait encore ces arcades, un des plus nobles et des plus beaux ornemens de ce portail, c'étaient des clocheteaux à jour, et artistement travaillés en pierres, qui étaient achevalés sur leurs combles.

» Sur cette grande masse d'édifice, au grand portail, s'élevaient deux tours d'une égale structure et parfaitement égales en hauteur, dont les angles de chaque quadrature étaient soutenus par un double rang de colonnes appuyées l'une sur l'autre, et finissaient en forme de pyramide octogone. Ces deux tours étaient jointes par une double colonade ou péristyle en pierre, d'une grande délicatesse, laquelle atteignait le faîte de la couverture du bâtiment, et servait de passage d'une tour à l'autre. Il y avait trois cent trente degrés de pierre pour monter aux deux tours. On montait sept degrés pour entrer dans l'église qui avait trois cent-cinq pieds de longueur, cent trente de largeur; et de hauteur, depuis le pavé jusqu'à la voûte, quatre-vingt-quinze; elle était soutenue par vingt-huit colonnes proportionnées à sa grandeur, et maintenue par des piliers-boutans, dont douze de côté et d'autre pour la grande nef, et six pour le chevet qu'ils soutenaient vers le haut, au moyen d'une double arcade recourbée, toute à jour, et aboutissant par conséquent à chaque pilier-boutant. . . . . .

» Sur deux grandes verrières très-délicatement ouvertes, était placée la rose qui occupait le milieu du portail; son admirable structure était due aux frères Gentillastre, architectes de Reims, fort renommés à cause de leurs talens. Cette rose ayant éprouvé différentes chutes occasionnées par les orages, fut successivement réparée et reconstruite en 1567 et 1717.

» A droite et à gauche, et par conséquent au-dessus des portes d'entrée, était aussi une moyenne verrière, donnant jour aux nefs d'en bas aux ailes de l'église.

» Comme les église de St.-Remi et de Notre-Dame de Reims, celle de Saint-Nicaise était soutenue par des piliers boutans dont j'ai déjà parlé, entre chacun desquels était une verrière haute, éclairant la nef collatérale. Toute l'église paraissait percée de tous les côtés, en façon de lanterne et faite en forme de croix; on y comptait en tout quarante-quatre verrières et deux grandes roses, savoir: quatre verrières et une grande rose au grand portail, deux verrières et une grande rose au portail méridional, dix verrières supérieures et douze inférieures le long des nefs, six verrières au rond-point qui était construit à pans coupés; enfin, dix autres verrières principales éclairaient les chapelles du rond-point. Les vitres en étaient d'une beauté charmante, et ressemblaient au plus brillant cristal; elles avaient été presque toutes données par des rois, des reines, des archevêques de Reims, et par des personnes de la plus haute considération.

» Je ne dois point passer ici sous silence le portail méridional qui était le seul achevé, excepté pourtant le pignon qui devait se terminer en pyramide, et n'était bâti qu'en bois couvert d'ardoises; cependant il était flanqué de pilastres élégans; au milieu était, comme au grand portail, une belle rose et deux grandes verrières qui la soutenaient. L'entrée de ce portail consistait en un vestibule, et une double partie séparée par un trumeau, sur lequel était une statue de la Ste.-Vierge, placée sur une colonne de marbre ; au-dessus et de côté et d'autre de cette statue, sous le vestibule, étaient des arabesques sculptés en relief, taillés à plein, et lesquels dessins se répétaient sur deux arcades ogives et non caves, accompagnant celle du vestibule ; toutes trois étaient de forme pyramidale et séparées par un clocheteau à jour délicatement construit sur chaque comble de ces mêmes arcades, auxquelles ils servaient d'ornement, au nombre de quatre.

» Quant à la croisée septentrionale, elle n'était point achevée ; la rose qui devait la composer avait été commencée sur deux hautes verrières demeurées également imparfaites et bouchées ; ces travaux préparatoires étaient recouverts de charpente et d'ardoises. Cette croisée avait pourtant deux escaliers en pierre, semblables à ceux des tours du portail, ce qui semblerait indiquer l'intention qu'avoient pu avoir les architectes de l'église de construire à l'une et à l'autre croisée des tours semblables à celles de ce même portail ; car la croisée méridionale avait aussi de pareils escaliers.

» Toute l'église était couverte en ardoises, mais les basses-nefs ou les ailes et les chapelles du rond-point ne l'étaient qu'en tuiles plates avec quelque peu d'ardoises. Au haut de l'édifice, et par conséquent au milieu de la croisée, dominait un petit clocher d'un assez bon goût et couvert d'ardoises ; il y avait des cloches d'un moyen calibre, servant aux offices du chœur des religieux. L'époque de sa construction ne se trouve pas dans l'état des dépenses qu'occasionnèrent les réparations de l'église vers l'an 1757, époque à laquelle les religieux de Saint-Nicaise avaient résolu de l'achever. Mais cette généreuse résolution ne put avoir lieu, à cause du nouveau partage des biens qu'ils firent alors avec les chanoines de la sainte Chapelle de Paris, qui possédaient en régale les biens de l'abbaye depuis l'an 1643, par le consentement de Louis XIII. C'est donc ce qui fut cause qu'ils employaient ce qu'ils destinaient à cette belle œuvre, tant à réparer leur monastère, qu'à la restauration de leur église, dont ils firent refaire à neuf la charpente, et la recouvrir en ardoises, depuis un bout jusqu'à l'autre, moyennant une somme de dix-huit mille livres, non compris une autre somme de quinze mille livres pour les réparations autour de l'église, au portail et aux flèches. » —

Puis après un aperçu si rapide et si incomplet du prospect de St.-Nicaise, à côté de tant de beautés de détail que nous passons sous silence, de tant de chefs-d'œuvre dont nous ne vous disons rien, nous ne vous ferons pas le récit de toutes les richesses artistiques que renfermait cette noble basilique ; nous ne vous rappelerons ni son jubé d'un gothique précieux, qu'un prieur de l'abbaye, prétendu *homme de goût*, fit abbattre en 1761 ; ni ses vitraux si magnifiques et si admirés, ni ses tombeaux en marbre, ni ses pierres tumulaires en albâtre, ni ses tableaux des meilleurs maîtres, ni ses tapisseries d'un travail si curieux, ni ses ornemens si variés, si somptueux : inestimables monumens qui faisaient la richesse et l'orgueil de cette église déjà si belle de sa propre beauté, et qui tous sous la désignation de *propriétés nationales* furent enlevés, brisés, fondus, mis à l'encan et perdus pour la ville de Reims, à qui certes ils appartenaient bien plus justement qu'à cet être collectif qu'on nommait alors *la Nation*, et qui, personnifiée dans une douzaine d'avides et insatiables proconsuls, s'engraissait de ce qui faisait la ruine et la misère du peuple. Nous ne vous parlerons pas même de ce célèbre *pilier tremblant*, que vinrent visiter les curieux et les savans de tous les pays, les princes, les rois et les empereurs de la terre, et dont personne ne sut jamais expliquer le mystère. Nous ne pourrions que répéter à son sujet, ce qui a été dit bien souvent autre part, et nous aimons mieux vous renvoyer à ce qu'en ont écrit l'abbé Pluche, dans son *Spectacle de la Nature*, (f. 7, p. 24 et suivantes), et le laborieux M. Povillon-Pierrard dans son *Mémoire* cité plus haut.

Donc, il ne reste rien de l'œuvre du grand architecte, rien que quelques futs de colonnes qui gisent sur l'emplacement qui les vit si long-temps debout! quelques chapiteaux frustes que des jardiniers, des tailleurs de pierre, des charpentiers ont recueillis et dont, par un reste de sentiment religieux, ils ont orné les façades de leurs jardins ou de leurs basses cours! quelques sculptures mutilées, ramassées dans les décombres, éparses çà et là dans les greniers, dans les écuries, sous des hangars d'honnêtes citoyens! A peine dans cette grande et noble cité de Reims, se trouve-t-il un amateur qui ait, avec le sentiment de l'art et du regret, sauvé un groupe, une statuette, une pierre, de cette horrible dévastation! Car voilà comme nous sommes, nous autres français! Nous nous attendrissons sur les ruines de Thèbes et de Palmyre, nous versons des larmes à la lecture des pages de Volney, nous allons demander des inspirations religieuses et poétiques aux ruines payennes du Parthénon, nous achetons à prix d'or la poterie d'Herculanum et de Pompeï; et le sol de notre propre pays est jonché de ruines sacrées, empreintes de la croyance de nos pères, touchantes peintures de la vie des premiers fondateurs de la société française, monumens qui nous retraçent les vieilles mœurs et l'histoire première de notre nation; et tout cela nous trouve l'œil sec et le cœur froid, sans émotion comme sans souvenir!

O débris! ruines de France
Que notre amour en vain défend!
Séjours de joie ou de souffrance
Vieux monumens d'un peuple enfant!
. . . .
Cet héritage immense, où nos gloires s'entassent
Pour les nouveaux peuples qui passent,
Est trop pesant à soutenir,
Il retarde leur pas, qu'un même élan ordonne.
Que nous fait le passé? Du temps que Dieu nous donne,
« Nous ne gardons que l'avenir. »

(*V. Hugo.*)

Or maintenant qu'un homme de cœur et de talent vous a dit l'histoire de l'évêque Nicaise et de son église, je voudrais pouvoir vous raconter comment et par qui ce monument qui faisait la plus belle gloire de votre ville a été détruit. Le récit en serait curieux et mériterait d'être fait.

La Convention n'avait pas encore rendu son immortel décret par lequel Monsieur De Robespierre daignait reconnaître et proclamer l'existence de l'Être Supreme : les voûtes de Notre-Dame n'avaient point encore retenti des saints cantiques en l'honneur de la déesse de *la Raison:* seulement et en attendant que les représentans de la nation eussent voté par assis et levé la déchéance de Jésus-Christ, on avait décrété la fermeture des édifices consacrés au culte, et chaque ville avait été sommée de déclarer le nombre de ses églises, afin que l'état sut celles qu'il conviendrait de réserver, et tout ce que rapporterait chaque pierre des monumens dont la démolition serait résolue. — L'administration municipale de Reims, conformément à cette injonction, nomme des commissaires qu'elle charge de peser la convenance des localités, la solidité des édifices et l'intérêt même des administrés, pour les charges nécessairement attachées aux établissemens du culte : et sur le rapport qui lui est fait, elle s'attache à la conservation de cinq édifices tant pour la ville que ses faubourgs.

Vous allez croire peut-être, que la municipalité moins soucieuse des beautés artistiques de l'Eglise St.-Nicaise, que touchée des dépenses qui sont à faire pour la remettre à neuf, ou du moins pour la conserver, va comme elle a fait de vingt autres églises de Reims, proscrire celle-ci, et la désigner au marteau destructeur? Il n'en est rien, et nous sommes heureux de pouvoir lui rendre ce témoignage. En ces temps de vandalisme, et de fol aveuglement, il se trouve à la municipalité de Reims, des hommes pour apprécier l'œuvre de LIBERGIER, et qui, seulement par un vague sentiment d'art, votent pour la conservation de ce bel édifice : voici les termes du rapport fait au gouvernement : « La seconde église » nécessaire au culte, est celle de St.- » Nicaise. Ce monument moins vaste » et moins pompeux que l'église dite » cathédrale, n'en est que plus élégant » en architecture. La délicatesse de sa » structure, la coupe légère et brillante « du vaisseau, le font regarder par les « artistes, comme une merveille dans le « genre gothique. *L'Eglise est très-bonne* » et ne pêche en ce moment que par sa » toiture facile à réparer: sa position, » l'embellissement qu'elle procure à la » ville de Reims, sa réputation répandue » par toute l'Europe, demandent hau- « tement sa conservation. »

Et puis concevez vous après cela, les

dévastations de l'abominable Santerre? Comprenez-vous par quelle odieuse trame cet homme, quatre ans après l'époque dite *de la terreur,* en est venu au point de se faire adjuger ce noble et beau vaisseau pour le convertir en une carrière, en une exploitation de pierres et de plâtras? Nous ne le devinons pas : ce qu'il y a de certain, c'est que l'administration du département de la Marne, malgré le cri de regret et d'effroi de toute la population rémoise, malgré les énergiques réclamations du conseil municipal, consomme cet acte de vandalisme et d'iniquité, et vend à vil prix au citoyen Santerre, représenté par le citoyen Defienne, le chef-d'œuvre de HUES LIBERGIER, de cet admirable architecte dont nous vous donnons les traits dans cette fidèle copie de sa pierre tumulaire, seul débris de l'église St.-Nicaise, seul monument qui *rappelle et son nom et ses nobles travaux.* Cette pierre aujourd'hui recueillie dans l'église cathédrale, et sauvée comme par miracle de tant de ruines, avait déjà failli être brisée avant la chute de St.-Nicaise. Voici ce que dit à ce sujet l'abbé Pluche dans l'ouvrage que nous indiquions tout à l'heure. «L'architecture des colonnades et » de tout l'édifice de cette église, est » d'une souplesse qui n'a été que trop » mise à l'épreuve, et c'est parce » qu'elle se prête avec obéissance à tou- » tes les impressions, qu'il surviendra » enfin un coup imprévu qui perdra » tout. Il y a environ cent ans que l'œil » de la nef avait déjà cédé à ces secousses » et était tombé dans l'église. Le même » accident arriva au commencement de » ce siècle : j'étais sur les lieux, et on » me fit remarquer que le monument de » maître *Hugues* LI BERGIER, enterré à » l'entrée de la nef, était parfaitement » conservé, pendant que tout le pavé des » environs avoit été mis en pièces. Tou- » tes ces masses de pierre qui formaient » les branches du grand vitrail, s'étaient » dispersées de côté et d'autre dans ces » deux chûtes, et semblaient chaque fois » s'être détournées par respect pour leur » architecte. La conservation de la tom- » be, de la figure et de l'inscription, » est d'une exacte vérité: quant à ces » respects réitérés, vous les prendrez si » vous voulez pour des fleurs : il est » permis d'en jeter quelques-unes sur le » tombeau de ce grand maître. Les con- » tours de la figure d'*Hugues* LIBERGIER, » et l'inscription qui subsistent depuis » cinq cents ans, sont des traits pro- » fondément gravés dans la pierre et » remplis de plomb fondu. Cette façon » d'instruire la postérité coûte peu, dure » beaucoup et facilite l'inspection des » monumens, par la diversité des cou- » leurs de la pierre et du plomb. »

Eh bien! cette pierre, nous le répétons, est sauvée des ruines de St.-Nicaise: Elle existe encore telle que l'a décrite l'abbé Pluche: elle est placée au regard de tous les curieux à l'entrée de la grande nef de la cathédrale. On peut voir, par la reproduction que nous en donnons, dans la vignette qui accompagne cette notice, avec quelle délicatesse et quelle grâce les dessins en sont exécutés. Voici l'inscription, en caractères gothiques, qui l'entourent :

Ci. git. maistre. Hves. Libergiers. qvi. commensa. ceste. église. an. lan...... M. CC. XX. I. X. le. mardi. de. paqves. et. trespassa. lan. d. Incarnation. M. C. C. L. X. III. le. samedi. après. paqves. povr. dev. p'iez. povr. lvi. (*).

(*) Nous répéterons ici le vœu que nous avons déjà exprimé autre part. C'est de voir l'autorité ecclésiastique (si cette mesure la concerne) s'occuper de donner au monument de Hues Libergier un emplacement plus convenable. Déjà depuis que cette pierre fait partie du pavé de Notre-Dame, les caractères de l'inscription et les traits de la figure ont souffert beaucoup d'altération; d'ici à peu, si l'on n'y prend garde, la pierre en sera tellement usée, qu'on n'y pourra plus rien distinguer. Nous adjurons donc, Messieurs du Clergé, d'aviser aux moyens de sauver de la destruction ce précieux monument de la gloire de Libergier, en le faisant lever et sceller dans une des parties de la muraille, après l'avoir fait restaurer, c'est-à-dire, avoir fait couler du plomb dans les caractères où il en manque. C'est-là un petit travail, une petite dépense et dont les Amis des Arts sauront gré à Messieurs du Clergé.

PIÈCES

ORIGINALES ET INÉDITES

CONSTATANT LES EFFORTS TENTÉS PAR L'ADMINISTRATION MUNICIPALE DE REIMS, POUR PRÉVENIR ET RETARDER LA DÉMOLITION DE ST.-NICAISE.

(*Extraites du cartulaire de la ville.*)

(1.)

Cejourd'hui vingt-sept thermidor an sept de la république française, nous soussigné, commissaire de police, chargé par l'administration municipale de Reims, de veiller à ce qu'aucune dégradation ne fut faite à l'édifice Nicaise par le citoyen Santerre, jusqu'à l'entière confirmation de la vente qui lui a été faite par le gouvernement, sommes rendu au lieudit la ci-devant église Nicaise. Nous étant adressé au citoyen Santerre, aujourd'hui vingt-sept du courant, vers les dix heures du matin, pour lui faire part de notre mission et pour lui déclarer que nous allions reconnaître dans quel état est l'édifice dont est question, ce à quoi adhérant, nous reconnumes en sa présence qu'une des flèches est tout-à-fait dégarnie de son plomb, que les vitres de tout le pourtour de la ci-devant église Nicaise sont enlevées, que deux *cindres* de la susdite église *est* dégarnie des barres de fer qui maintenaient le vitrage, nous avons reconnu que le couvreur était à découvrir une des petites nefs. Nous avons reconnu enfin que tout le pavé de l'intérieur de la ci-devant église est enlevé et transporté hors dudit lieu, nous avons observé au citoyen Santerre que le monument en marbre représentant un tombeau aurait du être transféré avant toute entreprise suivant les vues du gouvernement pour ne point l'exposer à être dégradé plus qu'il ne l'est ; à quoi il nous a répondu qu'il sçavait que c'était une de ses clauses, qu'avant de découvrir la nef il le ferait retirer de l'endroit où il est, avec la plus grande précaution, sous l'inspection de l'ingénieur du département. La ci-devant église Nicaise, ainsi parcourue et visitée de nous commissaire de police, les dégradations en étant ainsi reconnues, nous avons déclaré au citoyen Santerre un des adjudicataires de cet édifice, que nous allions nous retirer en son bureau pour en verbaliser. Lecture lui en ayant été faite il a déclaré que le présent était sincère et a signé avec nous. *Ainsi signé :* VIART, commissaire de police et SANTERRE.

(2.)

Observations du citoyen SANTERRE.

La suspension de la démolition de l'église Nicaise, n'a été, entre le département et l'acquéreur, que conditionnelle et de pure honnêteté de la part dudit acquéreur, qui, de son propre mouvement, s'y est soumis : aussi l'invitation à la municipalité d'y jetter un coup d'œil, en porte-t-elle le caractère.

Le citoyen Santerre, aussitôt qu'il a sçu toutes les difficultés levées, s'est empressé de communiquer au commissaire de police et à la municipalité la preuve de la levée de toute opposition à la démolition, retardée, déjà trop long-temps, pour les intérêts de l'acquéreur : de plus, l'acte de vente communiqué en son temps à la municipalité, *ont* dû lui suffire.

Au surplus, cette opération n'est point du ressort de l'administration municipale ; aucune loi ne l'a chargé d'inspecter les biens nationaux vendus, lorsque l'acquéreur a ses titres d'achats et de payemens.

S'il y a eu invitation d'inspection, le titre que Santerre a mis sous les yeux de la municipalité, est plus que suffisant pour lui prouver que toutes les difficultés sont levées, et l'acquéreur qui, déjà, avait le droit d'abattre, d'après les lois, y est d'autant plus autorisé, qu'il donne la preuve de la levée de la suspension. Il joint, à cet effet, copie des pièces qu'il a pour donner toute satisfaction à la municipalité.

Ce 27 thermidor an 7.

Signé SANTERRE.

(3.)

Lettre des officiers municipaux de la ville de Reims.

Citoyens administrateurs du département.

Ne perdant point de vue l'obligation que vous nous avez imposée par votre lettre du 7 pluviôse dernier, de veiller à ce que l'adjudicataire des bâtimens de l'église St.-Nicaise ne fasse aucune démolition ni détérioration auxd. bâtimens qu'après y avoir été autorisé : vu les dispositions de votre arrêté du 23 ventôse, qui acceptait le cautionnement du citoyen Santerre, autorise le citoyen Defienne, adjudicataire, à démolir les objets compris en son acte de vente ; à la condition néanmoins *de ne pouvoir en aucune manière démolir la ci-devant église, qu'après la décision à intervenir sur les observations du ministre de l'intérieur*, et informés que l'adjudicataire ou sa caution enfreignait cette condition, nous y avons envoyé un commissaire de police, qui, le 6 de ce mois, a dressé le procès-verbal qui le constate, et à la suite duquel est la réponse du citoyen Santerre, qui en soutient l'aveu.

Quelque soient les motifs qu'il fasse valoir, il n'en est pas moins vrai que l'enlèvement du pavé et de la couverture ne peuvent qu'accélérer et rendre très-prochaine la ruine de l'édifice, ce dont nous croyons devoir vous informer en vous remettant ci-joint le procès-verbal que nous avons fait dresser.

REIMS, IMPRIMERIE DE REGNIER.

LES BUREAUX D'ABONNEMENT SONT CHEZ CORDIER, LIBRAIRE-ÉDITEUR, rue de l'Écrevisse, n.° 2, à Reims.

TOMBEAU DE St NICAISE.

Rheims – Cordier Editeur

PITTORESQUE,

Ancien et Moderne.

A Messieurs les Auteurs

DU REIMS PITTORESQUE.

Messieurs,

L'un de vous s'est bien spirituellement raillé naguères d'un érudit de diligence qui avait employé le temps du relai, à découvrir que l'architecte de St-Nicaise était un simple berger. Un de nos compatriotes dont le talent proteste si hautement à Paris contre notre réputation champenoise, s'est pris à railler de son côté. J'en aurais fait autant du mien, si jadis un bon vieillard, durant une longue soirée d'hiver, près d'un foyer qui depuis hélas ! s'est éteint pour ne plus se rallumer, ne m'eut conté la légende suivante que votre impartialité veut bien accueillir. L'hospitalité rémoise me faisait un devoir de la publier à l'appui des recherches si heureuses quoique si hâtives, d'un voyageur qui a préféré l'étude de nos antiquités aux douceurs d'une table d'hôte.

J'ai l'honneur d'être, Messieurs, etc.,

PETRUS V. DE LABASTAUG.

Nota. Mon intention en signant ainsi mon nom en toutes lettres est, non pas de m'attribuer une légende dont l'auteur est l'Homère du moyen âge, le peuple ; mais bien de protester contre l'opinion qui me regarde comme le fondateur du Reims pittoresque et s'opiniâtre à faire de moi un geai paré des plumes du paon. Je déclare donc que ce recueil plein d'érudition et de goût, et qui mériterait un succès d'enthousiasme, si on savait s'enthousiasmer à Reims, ne contient pas une seule ligne de moi jusqu'aujourd'hui, et que désormais je signerai celles que mes occupations me laisseront le loisir de lui adresser.

LE PILIER BRANLANT

DE SAINT-NICAISE,

OU

UN CHAMPENOIS PLUS FIN QUE LE DIABLE.

Il y a bien long temps de cela ; monseigneur St.-Louis n'était pas encore saint, mais seulement un beau jeune jouvenceau royal que madame sa mère venait de faire sacrer à Reims (1). — Or à Reims dans ce temps-là, vivait noble et discrète personne dom Simon des Lyons, abbé de St.-Nicaise. Le digne abbé n'avait que deux affections au monde, son église et une nièce. — Sa pauvre vieille église, tombant en ruines, toute lézardée, étançonnée et branlante, rapiécée de craie blanche et couperosée de ciment au travers de sa noire façade. — Sa nièce belle et douce enfant que lui avait léguée une sœur mourante. Aussi l'excellent homme ne choyait que deux rêves; rétablir magnifiquement son église, établir dignement sa nièce, — l'église du grand St.-Nicaise, — la nièce de messire l'abbé dom Simon des Lyons !

(1) En 1226.

Et à Reims alors il y avait comme une fièvre de hautes-œuvres en fait de maçonnerie. Depuis quinze ans les moëllons pleuvaient dans le parvis Notre-Dame sans qu'on vit encore sourdre de terre les immenses fondations de la grande (1) cathédrale. Depuis ce temps l'abbé Simon se disait qu'il serait bien glorieux, s'il trouvait de quoi refaire à neuf une jolie petite église avec les restes de l'ancienne et les rognures de la grande; puis il songeait qu'il serait bien heureux si, tandis qu'il bâtirait pour le Seigneur, le Seigneur bâtissait pour lui, c'est-à-dire pour sa nièce quelqu'édifice de bonheur; et il en avait jusqu'aux larmes. C'était surtout depuis le sacre de monseigneur St.-Louis que ces larmes venaient plus fréquemment aux yeux de l'excellent abbé; car après le départ de madame Blanche et de

(1) La cathédrale avait été commencée en 1211.

toute la cour, un homme que nul n'avait vu durant la cérémonie, et qu'on avait aperçu le lendemain dans une crevasse des fondations toisant et mesurant la besogne faite, était resté dès-lors à Reims se disant maître ès-œuvres de haute maçonnerie et venu à la suite du roi. Il s'était décidé à demeurer sur le bruit que messire l'abbé de St.-Nicaise songeait à refaire son église. Dom Simon l'avait vu, l'avait interrogé, sondé, scruté dans tous les sens, comme on fouille le terrain auquel on veut confier ses trésors; ensuite il s'était ouvert lui-même, se rassurant peu à peu, puis s'abandonnant par degrés, puis enfin se laissant aller comme sous l'influence d'un charme. L'inconnu était devenu son commensal, son ami, son architecte et presque son neveu. Un mot d'Elisabeth (c'était le nom de la nièce bien-aimée) un seul mot et dom Simon eut mis l'habile homme en demeure de le rendre grand-oncle. Mais ce mot, Elisabeth s'obstinait à ne pas le dire. L'oncle espérait beaucoup du temps et en attendant mieux occupait son ami à démolir la vieille église. Celui-ci y allait avec une rapidité prodigieuse. Les clochers s'écroulaient, les toits volaient en éclats, les voûtes crevaient l'une sur l'autre, les piliers s'effondraient sous les voûtes, les arcs-boutans par-dessus les piliers, et avec les arcs-boutans des pans tout entiers de murailles. L'ouvrage avançait comme par magie sous le marteau des ouvriers, et cependant on voyait le maître à travers la poussière, à travers les ruines, par-dessus les décombres, l'œil flambant, la menace à la bouche, les exciter, les presser, mettre la main à l'œuvre, et faire tout s'abîmer autour de lui. — Mais quand ce fut fait, qu'il ne resta plus pierre sur pierre, le zèle du maître se rallentit; les obstacles se multiplièrent. Il ne savait pas que les anciens matériaux fussent si mauvais, ni les nouveaux si chers dans ce maudit pays de craie. Puis il arrivait toujours malencontre aux ouvriers. L'un se brisait la jambe, l'autre le crâne; les plus chanceux étaient pris de la fièvre tierce, et l'abbé d'une quinte de toux à chaque fois qu'il voulait se mettre en colère. Le brave homme suffoquait une douzaine de fois par jour. Son ami se trouvait toujours là, au point nommé pour lui frapper dans le dos (et il frappait rude) et pour l'empêcher de parler; de sorte qu'au lieu des reproches de l'oncle, il recevait souvent les remercîmens de la nièce. — Et pourtant la pauvre nièce de son côté pâlissait et défaillait vingt fois par jour; et c'était pitié de la voir triste et languissante, sa belle tête ployée de faiblesse, passer des heures entières collée aux verrières de sa chambrette, regardant à travers la plaine qui s'étend des crayères de St.-Nicaise au village de Cernay. C'était-là, dans cette plaine blanche, plate, aride, bornée par un horizon plus blanc, plus plat, plus aride encore, que se promenaient les vagues rêveries de la jeune fille; mais à quoi se prenaient-elles? Pas un buisson où s'accrocher, pas un filet d'eau où se rafraichir ; et rien, rien dans l'immense plaine, que les maigres troupeaux de l'abbaye broutant des restes de sarrasin. Il est vrai que dans le troupeau se trouvait le mouton chéri qui venait manger dans la main blanche, bêlait pour répondre à son nom prononcé par la douce voix, qui laissait laver sa toison tous les matins, au-devant duquel on courait tous les soirs retrouvant encore de la force et quelques paroles et un peu de rougeur pour demander à Hues le berger, comment s'était passé le jour. Mais hélas ! jeunes filles ne rougissent pas pour des moutons, et pâlissent encore moins. Aussi l'oncle qui s'y connaissait quelque peu, se damnait à se creuser l'imaginative entre ses quintes de toux, pour découvrir le mal de sa nièce et remédier à celui de son église. A la fin cependant, et à force de ruminer, il lui vint en l'idée que l'un tenait peut-être à l'autre; car sa nièce avait commencé à pâlir il y avait tantôt trois ans, à l'époque où l'on avait commencé à démolir; et puis devant ces verrières où se collait la pâle figure, se trouvaient les ruines de l'église aussi bien que les plaines de Cernay : d'où le digne abbé concluait avec assez d'orgueil et un peu de cette joie qu'il ne goûtait plus depuis longtemps, que sa nièce en qui respiraient tant de choses célestes, pouvait bien être un de ces purs esprits envoyé de Dieu sur terre, près des hommes ses temples vivans, et dans les basiliques ses temples de pierre, et qui souffrent et languissent avec eux des souffrances et des langueurs d'ici-bas. — Ou bien encore (et cette idée la dernière venue, fut bientôt comme d'ordinaire, la mieux choyée dans le cerveau paternel) la douce et belle vierge ne pouvait-elle pas être Ste.-Eutrope elle-même ? Ste.-Eutrope la sœur de St.-Nicaise, qui venait au moment critique surveiller leur domaine commun menacé de ruine. Et en y bien songeant, était-ce pas elle qui lui avait inspiré son glorieux dessein ? elle qui le soutenait en secret, elle dont la vue bienfaisante le reconfortait au milieu des tribulations ? Et puis la pieuse Elisabeth n'avait-elle pas demandé, supplié, pour que pendant la reconstruction de l'église, les reliques de St. Nicaise et celles de Ste.-Eutrope fussent déposées dans sa chambrette ? oui, les reliques et le tombeau qui les contenait; tombeau superbe tout de marbre blanc comme il convient à des vierges, veiné de noir comme il convenait à des martyrs, et merveilleusement fouillé par le ciseau. — Or le ciseau y avait trouvé, non la figure de St.-Nicaise expirant sous les coups des Vandales; non celle de Ste.-Eutrope s'arrachant les yeux pour échapper à un horrible amour; mais bien la suave figure du bon pasteur, et près de lui un bel agneau blanc, et non loin de l'agneau la tête noble et fière d'un jeune berger, de David terrassant un ennemi; puis bien loin, à l'autre extrémité, dans un angle, jeté sur son fumier, le pauvre Job cet autre pasteur déchu que nul ne plaignait. Et pourquoi ainsi cet agneau, ces bergers et cette misère abandonnée de tous, plutôt que la face glorieuse des martyrs? Je ne sais. (1) — Et pourquoi la triste Elisabeth, après avoir passé les journées à sa verrière, passait-elle les nuits veillant avec sa lampe devant le marbre blanc, contemplant tour à tour le bon pasteur et son agneau, et l'autre jeune pasteur et l'autre plus vieux? Je l'ignore de même. Mais ce que j'en aurais conclu, moi qui ne suis ni son oncle ni abbé du grand St.-Nicaise, c'est que la pauvrette, possible avait en grande vénération les reliques de Ste.-Eutrope, possible aussi prenait en grande affection les bergeries, et qu'elle en perdait ses couleurs. — Or l'oncle qui s'était affolé d'une autre idée, et qui voyait pâlir de plus en plus sa pauvre sainte et prenait sa pâleur pour un reproche, pour une prière, pour un ordre du ciel à consommer la grande œuvre, tomba lui-même en tristesse. La tristesse rend le calme, chasse la colère et partant les quintes de toux. Aussi dom Simon se prit à deviser fort tranquillement avec son ami, pour qui d'ailleurs son affection était bien déchue. Il lui exposa que du moment où la besogne n'avançait pas, un maître ès-œuvres devenait inutile au couvent; que d'ailleurs il s'était abouché avec celui de la cathédrale dont il avait reçu quelqu'espérance. L'ami se mordit les lèvres qui rougirent comme charbon, et promit que dès le lendemain l'abbé verrait du nouveau. — Puis il sortit de l'abbaye tout pensif, descendit machinalement vers la porte des Martyrs (1) qui séparait le couvent des crayères, fit un soubresaut en arrière au moment où s'apprêtant à la franchir il se trouva perpendiculairement au-dessous des statues de St.-Nicaise et de Ste.-Eutrope qui en décoraient l'arcade, se mit à longer les remparts, sortit par la porte de la déesse Cérès et regagna les crayères par un long détour. Hélas! songeait-il en cheminant, faudra-t-il donc que j'en sois réduit à élever moi-même une église à ce Christ maudit et à ses martyrs, comme il les appelle! En somme, qu'ai-je gagné à tout ceci? Le plaisir de ruer bas une masure, et de dépayser les patenôtres de ces frocards depuis trois ans. Mais s'ils ne braillent plus leurs psaumes en chœur, ils les récitent dans leurs cellules; et tout au plus je leur en escamote par-ci par-là quelques versets. C'est bien la peine, en vérité. Donc puisqu'ils le veulent, qu'ils maçonnent et qu'ils gâchent à la plus grande gloire de Dieu! — Pourtant, qui sait? à force de guetter, l'occasion peut s'offrir; et ce serait dommage de quitter maintenant la partie : aussi j'ai mon projet en tête. Au besoin je leur four-

(1) Sur ce tombeau que reproduit fidèlement la jolie lithographie qui accompagne notre texte, on poura remarquer d'autres figures; celle du prophète Ezéchiel, de deux apôtres, (du moins c'est l'opinion de D. Marlot), et enfin celles de deux amis de Job. La légende ne dit pas qu'Elisabeth regardât avec le même intérêt ces derniers personnages.

(1) C'est la porte murée à l'angle sud-est de St.-Nicaise.

nirai un architecte, pourvu que ce ne soit pas moi, oui un architecte champenois; je lui ferai faire de grosses bévues, ce qui sera facile; et chemin faisant, j'y gagnerai peut-être plus d'une âme, où à la fin je les écraserai tous sous les ruines de leur église mal bâtie.

Ce disant, le maître était arrivé aux crayères. A quelque distance paissaient les brebis de l'abbaye. Mais chose étrange, le troupeau était seul sans autre gardien qu'un beau chien noir aux longues dents blanches. Hues le berger, cité dans toute la banlieue comme le modèle de la vigilance, comme le roi de la houlette, Hues n'était point là gourmandant la paresse, modérant la pétulance, réglant le caprice et scrutant tout un champ d'un coup d'œil pour y découvrir quelques friandises dont il gratifiait le mouton d'Elisabeth. Le beau mouton y était bien, mais triste, désorienté, les naseaux à l'air, accoutumé à trop de prévenances pour songer même à se baisser vers quelques poignées de thym déposées tout récemment devant lui.

Le maître bien surpris se mit à appeler Hues le berger. Alors le chien noir descendit du tertre d'où il dominait son peuple, regarda le maître avec l'intelligence propre à sa race, et se dirigea vers l'ouverture d'une crayère à demi-comblée. Sur le talus éboulé du revers intérieur se trouvait un gros bouc fauve, le bouc du troupeau, regardant avec curiosité dans l'ouverture; et à trente pieds au-dessous on entendait une voix qui se lamentait et qui criait : Viendras-tu, bouc maudit, viendras-tu à qui t'offre son âme? — Le maître tressaillit. — Descends, je t'en adjure, le sentier est frayé, à gauche où je suis descendu, et je l'ai semé tout le long de serpolet. — Le maître se mit à descendre. — Alors la voix se prit comme à rugir : Le voici donc enfin! Ayez merci de moi, mon Dieu!.... Non pas, ce n'est pas ainsi qu'il faut dire; et Dieu, je le renie. — Le maître faillit se rompre le cou en hâtant sa marche. — Oui, je le renie! car depuis trois ans je l'invoque, et je prie et je pleure, et je me traîne devant tous ses saints avec des prières et des larmes, et je me roule à terre dans les champs, et je broye comme maintenant la craie sous mes dents, et jamais, jamais, il ne m'a entendu! Et pourtant je n'avais point voulu jusqu'à cette heure faire de sorts comme les autres bergers, et jamais je n'avais parlé aux boucs de mes troupeaux, et j'aspergeais toutes les semaines mes brebis d'eau bénite, et j'arrachais avec soin les mandragores du terrain qu'elles paissaient! Mais arrive le bouc maintenant, et poussent les mandragores!

Le malheureux Hues, car c'était lui, écumait à terre et n'osait lever la tête; il venait d'entendre marcher près de lui. — Hues! dit le maître; et à cette voix bien connue, le berger se trouva soudain comme par ressort dressé tout d'une pièce sur ses pieds, saisissant d'une main sa houlette au fer acéré, et de l'autre cherchant à sa ceinture le couteau qui y pendait. — Tout doux, reprit le maître, mon beau gardeur de moutons, quand on appelle le diable on le reçoit un peu mieux. — Eh! bien oui, je l'ai appelé et je l'appelle encore, mais non pas toi, qui m'es pire que lui, à qui je donne mon cou à tordre s'il veut tordre le tien au préalable. — Oui dà, beau fils, ta fantaisie serait ainsi de me voir tordre le cou de mes propres mains; et qui donc te le tordrait après? — Hues retomba le front à terre et balbutia : Qu'est-ce à dire? A en croire le mal que vous faites et ma haine, je vous ai toujours pris pour un esprit de ténèbres; à entendre vos paroles vous seriez Satan lui-même.—Lui-même. Et les yeux du visiteur infernal s'illuminèrent comme deux trous percés dans une fournaise, et il en jaillit une lumière rouge jusqu'au fond de la crayère. Hues s'avança d'un air calme et résolu. — Eh! bien le sort en est jeté! Ma part de paradis pour mon bonheur ici bas; à toi mon éternité, à moi ma vie : ma vie dont tu ne pourras retrancher une heure et durant laquelle tu seras mon serf.

C'étaient les clauses ordinaires et le pacte fut conclu. Satan prit le bras du berger, de la pointe d'une de ses griffes piqua la veine dont il jaillit un filet de sang; puis il se piqua de même, et de sa veine jaillit une aigrette de feu bleuâtre : et le sang du pauvre Hues coula long temps dans la veine infernale; et il y glissait avec le frémissement de l'eau dans un tuyau de fonte rougie; et quand le frémissement cessa, le sang s'arrêta; Satan se trouvait un peu rafraichi. — Or ça, dit-il à Hues qui se trouvait affaibli d'autant et s'appuyait tout pâle aux parois sans songer plus à rien; or ça, maître, je t'ai vu souvent rôder autour de mes besognes, lorgner équerre et compas, passer des jours entiers avec de la craie et ton couteau à imiter mes coupes de pierre : serais-tu point maçon dans l'âme et curieux de savoir en toute science le noble métier des grandes œuvres? — Hues retrouva des forces. — Oh! oui, oui, cela tout d'abord; cela avant tout, je le veux, je le veux! Que je puisse du moins remettre en contentement celui qui tout petit et délaissé m'a couvert de son toit, réchauffé de ses vêtemens, nourri de son pain, et qui espérait hélas! me faire cette vie bonne et l'autre meilleure. — Ainsi soit-il, reprit Satan; et soudain comme dans un vertige il sembla à Hues que son crâne s'était ouvert et que son cerveau se gonflait d'images inconnues. C'étaient d'immenses perspectives de nefs et de colonnades fuyant à l'infini vers des chœurs lointains; c'étaient des verrières magiques jetant d'en haut leurs ombres nuancées de mille couleurs, et voilant le sanctuaire comme autant d'ailes d'archange diaprées de toutes les richesses du ciel; et puis c'étaient des demi-cercles qui se coupaient pour effiler des ogives, des arrêtes fines et élancées qui du sol se perdaient dans les voûtes, et des colonnettes par milliers fuyant de leur faisceau comme les branches de leur tronc et poussant en tout sens des gerbes régulières; et puis encore des oiseaux et des feuillages de pierre et des dentelles brodées au ciseau, et des fleurs épanouies sous le fer, et des myriades de figures escaladant les portails et les tours ainsi que montaient les anges à l'échelle de Jacob. — Eh! bien, reprit Satan avec cet air de nonchalance satisfaite que l'on met à faire une question lorsque l'on se croit certain de la réponse; eh! bien, es-tu satisfait? — Oh! que non pas, repartit Hues. — Satan fit un soubresaut comme s'il se fut retrouvé par mégarde sous la porte des Martyrs. — Ouais! et que te faut-il donc, mon seigneur? — Ah! tu as cru que je donnerais ainsi mon âme au diable pour le seul plaisir de bâtir des églises au bon Dieu? Que non pas, te dis-je. Toute cette belle science, vois-tu, ne me servira qu'à payer une dette, celle de ma pauvre enfance hébergée si débonnairement. Mais ma dette payée avant tout, comme doit faire un cœur honnête, (et ne ris pas ainsi, le mien l'était hélas! et veut l'être encore en cette vie qui m'appartient:) donc ma dette payée, j'entends jouir pour moi, plus tard tu sauras comme; mais quant à présent, écoute ceci: Ma houlette que voilà, ma pannetière que garde mon chien, mon chien lui même et mon troupeau, tout cela va passer à toi; tu feras jour par jour, heure par heure ce que je faisais, hormis d'arracher les mandragores; tu choyeras surtout le beau mouton que tu sais; pas un poil de sa laine ne tombera sans que tu n'en rendes compte; mes habits, les voilà, et ma figure aussi que tu vas prendre. Moi, je vais prendre les habits du maître, et son air et sa taille, j'ai mes projets. —

Satan se grattait l'oreille, songeait à la gente Elisabeth son accordée et se gromelait à lui-même: Fie toi donc aux champenois. Ensuite il hazarda une timide observation. Mais, mon maître, la nièce de votre bienfaiteur.... — Sera-ce pas bonne œuvre de te l'enlever? — Singulière fantaisie, fit Satan, de se donner au diable pour faire des bonnes œuvres. — Et qui te dit qu'elles seront toutes bonnes? La bachelette est accorte et plaisante et doit être bien douce amie; en devenant mienne est ce pas toujours se donner à toi? — Pas trop mal raisonné pour un champenois, fit Satan qui se grattait toujours l'oreille. — Donc, obéis. Et force fut bien à Satan d'obéir.

Il était temps qu'ils remontassent, car en dehors de la verrière ouverte se penchait tout entière, prête à tomber, la pâle Elisabeth plus pâle encore, les yeux hagards et parcourant la plaine où se passait une chose étrange. Tout autour du troupeau pressé en rond, courait à perdre haleine le bouc fauve poursuivi par le chien noir qui jetait des aboyemens horribles; et à chaque cercle nouveau la course se précipitait et les hurlemens redoublaient, et le bouc repandait une odeur infecte, et le chien une écume de sang; et les moutons regardaient d'abord, tournant sur eux-mêmes pour suivre tous les mouvemens de la course; puis à force de tourner, le vertige les prit et ils se mirent à pivoter plus vite à leur place; puis ce tournoiement devint de plus en plus rapide, et à la fin chacun d'eux ne paraissait plus que comme un tourbillon de laine. — Le bouc avait mangé de la mandragore. Le nouveau berger qui d'après ses conventions, devait en tout remplacer l'ancien, accourut à la hâte, fit le signe magique qui devait couper le charme. Tout s'arrêta. — Mais déjà à la verrière était tombée la pâle figure brisée en deux sur le rebord, la tête et les bras pendans en dehors et les longues tresses de ses noirs cheveux déroulés le long du mur. En quelques instans Hues fut dans la chambrette, Hues méconnoissable sous ses beaux vêtemens et dans sa haute taille moins bien prise maintenant, avec son teint toujours basanné et ses yeux toujours noirs il est vrai, mais dont le blanc, au lieu d'un beau reflet bleu, en jetait un jaune comme la porcelaine derrière laquelle brûle une lumière. Il prit bien doucement la pauvrette et la déposa bien doucement dans la longue chaire à bras. Elle y recouvra ses sens, ouvrit les yeux, puis les referma soudain. — Eh! quoi, dit-elle, toujours vous, maître; vous savez pourtant bien notre vouloir. Mais puisque vous voilà, dites-moi ce que vous faisiez là-bas et pourquoi ce pauvre troupeau dansait ainsi sans gardien? — Las! gente damoiselle, c'est du troupeau seulement que vous aviez souci! — La jeune fille rouvrit les yeux avec surprise. — Eh! maître, m'est avis que votre voix est devenue plus douce. Est-ce prodige ou faiblesse? — Donc jusqu'à cette heure mes paroles étaient bien rudes à vos oreilles? — Elles y tombaient comme plomb fondu. Hues ne put réprimer un mouvement sur lequel Elisabeth se méprit. La pauvre jeune fille se cacha le visage dans ses mains et fondit en larmes. — Oh! des larmes! des larmes! disait-elle en sanglottant, quel bonheur, des larmes enfin! maître, maître, ne m'en veuillez pas, mais voici bientôt trois ans que je ne pouvais pleurer..... trois ans aussi que je ne pouvais sourire; et tenez, ajoutait-elle en écartant ses mains, je souris maintenant. — Hues la contemplait en extase. — Et puis, maître, c'est vraiment prodige; là, sous ma main je sens mon cœur qui s'épanouit. On dirait d'une vie nouvelle, d'une morte qui ressuscite et qui rouvrant les yeux voit tout avec plaisir, même le sépulcre auquel elle était condamnée; car je vous l'ai dit, maître, vous êtes mon sépulcre qui voulez m'enserrer vivante et qui ne m'enserrerez que morte; et pourtant je ne sais pourquoi, je vous vois aujourd'hui avec moins d'angoisse, et je sens mon âme prête à s'ouvrir même devant vous, elle qui ne s'est ouverte encore que devant Dieu...... Mais pourtant ce doit être sortilége; car moi dont la voix expirait après un mot, voici les paroles qui me sautent des lèvres et les pensées du cœur, comme naguères les moutons dans la plaine...

Eh ! qu'importe après tout ! s'il y a sortilége je ne suis point coupable ; si c'est imprudence je ne puis être plus malheureuse. — Dites, belle chère damoiselle, dites long-temps ; car il n'y a de charmes ici que pour mes oreilles, et puisse-t-il aussi n'y avoir plus de malheur que pour moi ! — Vous êtes généreux aujourd'hui, maître, et magnanime, et je veux l'être à mon tour en vous dévoilant mes pensées qui peut-être aussi bien changeront les vôtres, et nous rendront calmes tous deux. Ecoutez; bien des fois déjà je vous ai dit que je ne vous aimais point et ne saurais vous aimer, et vous n'y avez jamais cru, traitant le tout de caprice ou mignardises de jouvencelle. Eh ! bien vous allez y croire maintenant, car vous saurez que j'ai un autre amour au cœur. — Ces derniers mots n'étaient qu'un murmure. La voix se releva par degrés. — Et pourquoi tressaillir, maître? car vous ne pouvez m'aimer comme je l'aime; et pourtant il n'est ni roi, ni prince, ni seigneur, ni noble, ni même bourgeois ; il ne sait pas vos belles sciences et n'a pas vos beaux vêtemens, ni vos grands airs ; mais un pauvre sarrau bleu, un chaperon de toile, une cordelette pour ceinture, et à la ceinture une cornemuse, et dans la cornemuse des airs à vous rendre folle, à vous faire rêver toute la nuit et soupirer tout le jour, parce qu'avec cela il a une mine d'empereur et pourtant un nom simple et déconnu, mais si doux ! le nom de Hues le berger ! — Ce fut le tour de celui-ci à devenir pâle et défaillant ; il s'appuya à l'un des bras de la chaire. Elle joignit les deux mains. — Vous aurez merci de moi, maître, car cela est venu en pure simplesse et sans vouloir aucun. Toute petite, je l'aimais parce qu'il pleurait quand j'avais du chagrin ; plus grande, je l'aimais pour ses beaux bluets qu'il me cueillait aux champs ; plus grande encore, pour ses soins à mes agneaux ; plus grande, pour ses chansons dans le lointain ; et maintenant je l'aime pour lui, et je l'aime tant que j'ai plaisir à mes souffrances, parce qu'à la fin lorsqu'il n'y a plus de remède, on vous descend dans une bergerie et que ce me sera bonheur ineffable de m'y trainer pour mourir sous ses yeux.... Ce soir même où je me sens affaiblir, si mon oncle me l'octroie.... — Hues s'interrompit par un cri de damné et se prit à fuir comme un insensé à travers l'abbaye, à travers les rues, de tous côtés, jusqu'à ce qu'enfin il tombât dans son troupeau à qui Satan avait fait faire le grand détour par la porte Cérès. La vue de l'ennemi lui rendit tout son sang froid. — Où courrait donc le maître ainsi tout affolé ? — Je te cherchais, maudit, et ne pensais pas que pour délasser tes agneaux épuisés et baignés de sueur, il fallut les faire marcher une heure durant à travers le serein du soir. — Satan avait l'air triste et abattu. — Hélas ! maitre, la porte des martyrs, vous l'ignorez, est pour moi comme une voûte d'enfer, comme une fournaise ardente, et chaque pierre me darde d'en haut comme un trait de feu à travers les entrailles. — Tous les jours tu passeras deux fois par la porte des martyrs. — Mais.... — Tais-toi, serf. Et puis j'avais besoin de toi cette nuit, pour me dresser les plans de la sainte basilique avec lesquels je veux surprendre messire à son réveil. — Le maître a toute ma science, il peut opérer lui-même. — Le maître veut se reposer et tu obéiras. Puis dès demain aussi j'ai vouloir de te présenter à l'abbé comme instruit en secret par mes soins, et tout prêt à me seconder, et sur le champ tu mettras la main à la besogne et ne la reposeras qu'après l'œuvre accomplie. — Maître, par pitié..... — Serf!... Et un long débat s'engagea, dans lequel on entendit une voix plaintive et suppliante, une voix hautaine et impérieuse, puis enfin le débat se termina par un accord. Le pacte fut rompu. Hues reprit sa houlette, mais conserva sa science de maçonnerie, avec promesse d'exécuter les œuvres de St.-Nicaise sous les ordres du maître, et le maître était triomphant, car c'était là son premier projet : aussi mit-il bonne grâce à s'ouvrir de nouveau la veine; mais au lieu d'un liquide, il ne s'en échappa qu'une poussière terne et cendrée comme celle qui tombe de certains champignons vénéneux lorsqu'on les ouvre. C'était le sang du pauvre Hues déjà tout calciné.

Avant de rentrer à l'abbaye, le maître se dirigea vers l'aile extérieure où se trouvait le logis de sa triste accordée, à qui il avait pris goût plus que de raison; car sans se l'avouer c'était bien à cause d'elle qu'il venait de rompre un pacte et de laisser aller une âme. Le logis était vide. Elisabeth et dame Catherine sa bonne nourrice étaient allées s'établir au coin le plus tiède et le plus propre des bergeries, dans l'espoir d'un peu d'allégement pour la malade. — Qui se mordit les lèvres de plus belle et de manière à en faire jaillir autant d'étincelles bleues qu'il y eut de trous faits par chaque dent? — Ce fut le maître qui jura de se venger. Toute la nuit il rôda comme un lion rugissant autour de la bergerie, mais le premier soin de Hues, après un semblable jour et pour une semblable nuit, avait été de se purifier d'eau bénite lui et son troupeau. Le maudit ne put entrer; mais il vit tout par une fente, à la sombre clarté d'une lanterne de corne suspendue aux poutres du toit. Dame Catherine dormait d'un profond sommeil; Elisabeth faisait semblant de dormir, et derrière sa paupière à peine entr'ouverte son œil noir guettait Hues jusques dans ses moindres mouvemens. Celui-ci, l'aspersion faite, vint à tout petits pas et sans faire crier un brin de paille, se mettre à deux genoux devant la blanche couchette, et pria long-temps; puis quand il voulut se relever, son nom glissé comme un souffle à son oreille le fit tressaillir; et les yeux légérement entrouverts tout-à-l'heure comme il arrive par fois en dormant, s'étaient absolument voilés, d'où il jugea qu'ils ne dormaient pas. Alors il se remit à deux genoux, et à ses lèvres qui remuaient, on voyait bien qu'il parlait, mais on ne pouvait rien entendre ; seulement les choses qu'il disait devaient être charmantes, car un ineffable sourire s'était épanoui sur le pâle visage qui rosissait bien que les paupières dormissent toujours : puis les choses qu'il dit dûrent être effrayantes, car les yeux noirs s'ouvrirent tout grands, et de dessous la couverture une main blanche se porta vivement au front blanc, s'abaissa plus vivement, trop vivement même, car elle entraîna la couverture et Hues détourna les yeux; puis elle remonta pour achever son signe de croix vers deux épaules qu'on ne voyait plus, noyées sous des flots de cheveux épandus au milieu de l'effroi. — Satan crut même avoir distingué son nom. — Cependant les lèvres de Hues avaient repris leur tendre murmure, et cette fois ce qu'elles dirent devait être un doux mystère de pudeur et d'amour, car au lieu d'une, ce furent deux mains qui se portèrent au front pour y demeurer long-temps et le voiler et étouffer ce cri de surprise : Comment! c'était à vous que je parlais ainsi? — Satan entendit cette fois, mais ne comprit point.

Et les deux voix murmurent encore et si long-temps et si harmonieusement, qu'à la fin Satan perdit patience et poussa un hurlement épouvantable. Dom Simon qui ne dormait plus, et Hues qui ne dormait point, accoururent à la fois comme deux bons pasteurs pour savoir quel danger menaçait leur bercail. —Aucun, fit Satan à l'abbé. C'était un cri de plaisir. Mon élève que voici, oui, messire, votre berger que j'instruisais en secret au noble métier des grandes œuvres pour avancer enfin vos besognes, vient de me prouver cette nuit même qu'il était passé maître; et j'en ai eu si grand contentement que je n'ai pu retenir ma joie. Eh! bien, messire, je vous promettais du nouveau avant demain. Voici à peine l'aube qui point et demain qui se lève, ai-je tenu parole? — Le bon abbé ne se sentait pas de joie, et ne tarissait pas d'exclamations; seulement il reprochait doucement à son ami de lui avoir ainsi scellé ce mystère; et l'ami s'excusait sur ce que pareil berger était si difficile à remplacer, que peut-être messire se serait opposé à ce qu'on le débauchât ainsi. Car voyez-vous, ajoutait le maître, me voici un aide à moi, mais votre abbaye est sans berger; à dater de cette heure je m'en empare, il est mien, et avant la sortie du troupeau il vous faut trouver un autre gardien. Hues mon compagnon aux nobles œuvres ne doit plus mettre jamais les pieds en bergerie.—C'est un peu bien prompt, faisait l'abbé. — Voici l'heure de remplir le ratelier disait Hues. — Il n'y a ratelier qui tienne, reprenait Satan, le petit Nicaise est là; et quant à la promptitude, messire, est-ce bien vous qui vous récriez ainsi? Venez, venez plutôt à votre lampe deviser de nos plans, et l'habile homme que voici va tout d'une plume vous les coucher sur parchemin. — Ce que l'habile homme fit ce jour là ne tenait pas absolument du chef-d'œuvre. Le velin blanc et mat lui remettait en tête autre chose de mat et de blanc; et les ogives avec leurs ellipses terminées par un angle, s'ouvraient sous le compas, comme autant d'yeux où les rosaces flamboyaient ainsi que des prunelles. Cependant l'abbé était en extase. Ce fut bien pis lorsque le jeune maître eut recouvré son sang-froid. L'abbé courait de cellule en cellule et ne déparlait plus sur l'habileté improvisée et presque miraculeuse de son berger. Toute l'abbaye se prit d'admiration pour Hues et d'action de grâces pour le Seigneur. La ville fut bientôt instruite et les langues en émoi. L'archevêque même voulut voir et fêter l'heureux Hues, et les maîtres de la cathédrale en prirent de l'ombrage; mais quoiqu'ils en eussent, ils furent obligés de constater d'après un examen en règle, l'étonnante habileté de leur nouveau confrère.

Toutefois le bonheur de dom Simon ne fut pas de longue durée. Ce qui devait y mettre le comble fut précisément ce qui y porta une nouvelle atteinte. Huit jours à peine écoulés, sa nièce sortit de la bergerie fraîche et resplendissante de ses premiers attraits, moins belle cependant de toute sa pâleur disparue. Hues n'en jugeait pas de même et voulait en juger souvent; la coupe des pierres languit. Satan s'en aperçut bientôt et presqu'aussitôt l'abbé. Satan joua son bon valet, chercha d'abord à excuser Hues, le semonça doucement de ses airs rêveurs, se demena derrière lui et l'obséda de toutes manières pour l'empêcher de rôder autour de la verrière connue, en un mot, fit tout ce qu'il put pour persuader l'abbé de son zèle et traverser Hues dans ses amours. Puis lorsqu'il vit que rien ne pouvait ébranler désormais la confiance de dom Simon, ni la constance des deux amans, il prit sagement son parti et laissa aller les choses. Elles allèrent bien lentement de toutes manières; rien n'avançait plus, ni l'église, ni les amours; l'église en restait à ses premiers fondemens, l'amour avait atteint son dernier faîte. De nouveau l'abbé ne dormait point et Hues ne dormait plus, l'un de rage, l'autre de bonheur. Toutefois un mariage conclu aurait bien mieux arrangé celui-ci, comme une église bâtie eut consolé celui-là; mais Hues était certain d'un refus, dom Simon de l'inutilité de ses efforts, et encore une fois rien n'avançait. Cela faisait assez l'affaire de Satan qui attendait de son côté. Le premier qui se lassa d'attendre fut l'abbé. — Une nuit où de désespoir il s'était jeté sur son lit sans prier, s'y roulant comme un forcené, plein de honte plus que de douleur encore, car la vanité s'était secrètement et depuis long-temps emparée de son cœur, et la sainte entreprise formée d'abord avec l'intention d'être agréable à Dieu, n'avait bientôt été poursuivie que dans l'espoir d'être admiré des hommes; une nuit donc, l'esprit perdu dans un accès de frénésie, l'abbé se prit à invoquer le diable.

Soudain et sans que le moindre bruit eut éveillé son attention, il se sentit frapper sur l'épaule; c'était son ami. L'ami eut quelque peine d'abord à se faire reconnaître pour Satan, puis quelque peine encore à calmer l'effroi de Messire après s'être fait reconnaître. — Comment! se récriait le malheureux abbé, depuis tantôt quatre ans j'héberge le diable et je veux bon gré mal gré le faire entrer dans ma famille! Ah! que mon Elisabeth s'avisait bien mieux que moi! — Bien mieux avisée en effet! La nièce de dom Simon des Lyons donnant son amour à un vacher bâtard devenu méchant maçon à grand renfort de sorcellerie. — Tu mens, esprit de ténèbres, tu mens par ton gosier brûlé! s'écriait l'abbé hors de lui. — Ecoutez, Messire, nous pourrions sauf votre agrément, faire un peu moins de bruit et beaucoup plus de besogne. Deux choses vous tiennent l'âme troublée, votre église et votre nièce; vous avez perdu confiance pour celle-là, mais vous la mettez toujours en celle-ci. Eh! bien, si je vous prouvais que l'une ne la mérite pas, et que tout n'est pas désespéré pour l'autre. — L'abbé secoua tristement la tête. — Oui, si je vous disais: Cette nuit même je puis vous prouver que la noble damoiselle est perdue pour vous et toute gagnée à son bâtard.... — L'abbé devint de plus en plus sombre et recueilli. — Si je vous disais encore: Cette nuit aussi, écoutez-moi bien, Messire, cette nuit avant le premier chant du coq, votre église qui sort à peine de terre sera faite et parfaite en tous points sur le modèle entre nous arrêté; alors que diriez-vous à votre tour?—L'abbé calme et froid: Alors tu aurais mon âme. — Ce n'est pas assez, Messire, pour tant de besogne. Il me faut encore l'âme de votre nièce. — De ma nièce bien-aimée? — La bien-aimée du bâtard, et par-dessus le marché l'âme du bâtard lui-même. — Oh! qu'à celle-ci ne tienne! mais comment puissé-je disposer de leur âme?—Sont-ils pas vos deux enfans en Christ, les avez-vous pas baptisés? Vous nierez leur baptême devant Dieu! — Je nierai leur baptême. — Ecrivons. — Voici plume et vélin.

Les clauses bien et dûment stipulées, le parchemin revêtu du seing de l'abbé et de la griffe de Satan, tous deux sortirent de l'enceinte du couvent et marchèrent vers l'aile extérieure, à l'angle où l'on voyait briller une lampe derrière les mille couleurs d'une verrière. Arrivés au pied du mur, Satan saisit l'abbé qui frissonna quelque peu, et le hissa sur ses épaules au niveau de la chambrette. Ce qu'il vit, je ne sais, mais tant est qu'il tomba à la renverse par-dessus la tête de Satan qui, sans plus s'inquiéter, le laissa choir tout de son long. Elisabeth prétendit toujours que c'était un premier baiser. Ceux là font beaucoup d'effet. — Aussi le pauvre oncle demeurait étendu à terre, et n'eut été dame Catherine dont le sommeil était léger et qui avait ouï comme une chute sourde, il y serait demeuré long-temps; et lorsque revenu à lui il entra dans la chambrette appuyé sur le bras de la bonne vieille, ils trouvèrent Elisabeth près de Hues, elle éplorée, tous deux à genoux devant le tombeau des martyrs. L'oncle sans dire un mot, sans lever plus sa tête penchée sur sa poitrine, se laissa tomber dans la chaire à bras. Dame Catherine les yeux fixes, la bouche ouverte, les deux bras pendans, n'eut de force que pour reculer jusqu'au mur où elle demeura raide debout.

Tout-à-coup et sans avoir vu monter l'orage au ciel où brillait encore la lune, on entendit comme un effroyable coup de tonnerre; mais en prêtant plus attentivement l'oreille, cela semblait aussi comme d'un immense roulis de pierres que verseraient à terre des miliers de tombereaux. Dom Simon s'élança en un saut de la chaire où il était morne et immobile, à la verrière où il retomba immobile et morne. Nul autre ne bougea dans la chambrette. Au dehors la lune brillait toujours pure et calme; mais dans le clos de St.-Nicaise, le sol était devenu mouvant et agité comme la surface d'une mer sous la tempête. Tous les matériaux amassés pour l'église y roulaient pêle-mêle avec un grondement terrible; des flots de pierres s'élevaient, se heurtaient et s'écroulaient sous le choc pour se relever, se heurter et s'écrouler encore; et quand ils se relevaient, on eut dit le vomissement d'un volcan; et quand ils s'écroulaient, c'était comme l'éboulement d'une carrière; et quand ils se heurtaient, c'était l'explosion d'une trombe. Puis carrière, trombe, volcan, tous mêlaient leurs bruits, tous s'éclataient à la fois jetant vingt fracas, tels que jamais oreille humaine n'en avait entendus. Et bientôt une poussière immense s'éleva, dérobant tout aux yeux et flottant comme un nuage blanc sous la lueur blanche de la lune: et du sein du nuage les fracas diminuèrent, s'affaiblirent, murmurèrent, moururent, puis une voix railleuse en sortit : Rassurez-vous, messire, voici finie la coupe des pierres. Et le nuage s'éleva soudain, et les rayons de la lune se brisèrent de toutes parts aux angles des pierres polies et taillées. Celles-ci jonchaient la terre rangées symétriquement tout autour de l'emplacement tracé pour l'église, dans l'ordre où elles devaient être employées. Sur le premier plan concentrique s'étaient alignés les amas de blocailles et de craie qui devaient s'engouffrer dans les fondations. Le maître était là, une toise à la main, se dessinant debout et tout noir sur les pierres blanches. Il fit un signe, et soudain la première ligne se mit en mouvement; la craie d'abord, la blocaille ensuite, puis craie et blocaille pêle-mêle. Et le tout roulait avec rapidité jusqu'au bord de la profonde excavation, puis s'y précipitait successivement. On eut dit d'un troupeau qui sautait. A un second signe, la deuxième assise partit et fut se poser à fleur de terre sur les fondations comblées. Un troisième signe, et sur la deuxième assise se posa la troisième; et à chaque signe, les assises se posaient ainsi. Et elles montaient toujours, et elles montèrent long-temps.

Bientôt vis à-vis de la verrière, les sept portails de la façade tous le fronton richement couronné de figurines et marqué d'un double trèfle et ceint d'une ogive, se chaperonnèrent de leur triangle effilé; et par-derrière s'éleva le cadre d'un vitrail magique large de tout un pan de muraille, où devaient se mirer à la fois les trois portails du milieu; et au-dessus du vitrail, pour contempler tant de merveilles, une immense rosace s'ouvrit comme un œil, comme l'œil du Très-Haut resplendissant au front de son église! Puis de chaque côté les deux tours qui flanquaient la rosace, se percèrent à jour s'ouvrant en deux pour laisser passer des coupons de ciel bleu; et cependant le vide était rompu par l'ombre des arcades lointaines jetées aux flancs de l'édifice; et à travers le tout la lune parfilait toujours ses rayons comme les fils d'une étoffe d'argent.

Plus haut, les deux tours se refermaient sous deux frontons, et la rosace se coiffait grâcieusement d'un dernier triangle. — Passé cette ligne c'étaient des merveilles qui n'appartenaient plus à la terre. On eut dit que la matière avait senti qu'il fallait s'alléger, s'amoindrir, s'épurer pour s'élancer vers le ciel. Elle se faisait joyau, bijou, dentelle, vapeur. C'était d'abord une galerie miraculeuse qui courait d'une tour à l'autre et qui se posait sur le plus haut sommet de l'édifice, comme un bandeau brodé sur le front d'une vierge qui se consacre. C'étaient ensuite des clochetons flanquant à l'infini les derniers frontons; et par delà ces frontons les tours qui s'élançaient de nouveau dans les airs, non pas en masse et compactes, mais jaillissant en longues colonnettes à perte de vue, semblables aux tuyaux d'un orgue, ou à des jets d'eau qui monteraient, qui monteraient sans cesse et qu'une gelée d'hiver aurait faits de cristal; et cette cage des tours n'enfermait que de l'air, et l'on ne voyait rien de plus que les fuseaux extérieurs montant droits dans le ciel qui scintillait au travers: puis les fuseaux se rapprochaient enfin, et c'était alors le clocher percé lui-même à jour, qui commençait à s'effiler, puis s'en allait mourir en aiguille s'élançant de plus en plus, semblable à une âme qui aspire: et après il n'y avait plus que le ciel. — Un instant il y eut aussi Satan perché sur le dernier faîte et battant des mains. Mais la nuit avançait aussi promptement que la besogne, et la besogne était loin d'être terminée. Il restait encore les toitures à poser, les arcs-boutans à clore par leur cintre et les statuettes à sculpter. Satan se laissa donc aller doucement sur la pente extérieure du clocher, comme glissent les enfans au revers de nos remparts; puis s'accrochant aux longs barreaux de pierre à l'endroit où les tours s'évidaient en lanternes, il se laissa glisser encore; et descendant sur la façade, il courait légèrement de saillie en saillie, sculptant chacune d'elles au passage, l'une en fleurs, l'autre en saint, beaucoup en arabesques et plusieurs en monstres: car chaque saillie ébauchée à l'avance dans le roulis diabolique, et dégrossie par le premier choc, n'attendait plus qu'un dernier coup de ciseau; et Satan en avait fini avec quatre coups de griffes et un coup de queue. Les griffes lui servaient de ciseau, la queue d'époussetoir: et il prenait un malin plaisir à promener son époussetoir sur le visage des saints, et il y perdit beaucoup de temps. Une fois même la queue s'entortilla si bien autour du col de St.-Nicaise lui-même, que Satan eut beaucoup de peine à l'en retirer, et qu'il ne l'en retira que fort écorchée, et cela dès-lors le gêna beaucoup dans ses mouvemens.

Cependant à le voir d'en bas saisir sur le chantier les poutres, et les brandir en l'air, et les lancer sur le toit aussi facilement qu'un arbalêtrier décoche ses traits, on sentait bien que si sa mésaventure lui avait apporté quelque gêne, elle lui avait laissé encore plus de fureur. Seulement la gêne devint plus apparente lorsqu'il fallut gravir de nouveau au sommet des arcs-boutans dont le cintre seul restait à fermer; c'était une œuvre délicate et fondamentale, d'où dépendait toute la solidité des voûtes, et que pour bien remplir les clauses de son contrat Satan devait exécuter par lui-même. Donc il monta. Les yeux du malheureux abbé, la seule chose qui ne fut pas demeurée immobile en lui, montèrent aussi et mesurèrent ce qui restait à faire, et plongèrent dans l'azur des cieux, et virent que rien n'y pâlissait encore. Alors comme une machine dont tout-à coup le ressort moteur se brise, l'abbé chancela, tournoya et tomba. Cependant on l'entendit s'écrier à plusieurs reprises : le parchemin! le parchemin maudit! et même une fois sa main s'étendit avec effort vers son oratoire. — Dès le premier mot Hues avait tout compris, et laissant son bienfaiteur aux mains de sa nièce et de dame Catherine, il crut mieux le servir en courant à l'oratoire. Entre le velours noir du Christ et l'ivoire, un parchemin était ployé sous la sauve-garde d'un double et effroyable serment. Hues le saisit, le déploya, le lut en entier, le replaça derrière l'ivoire sacré pris à témoin de ses clauses, puis s'élança rapide à travers les détours connus de l'abbaye. Il fut en un instant près de ses chères bergeries, les traversa d'un pas précipité et ne s'arrêta qu'à l'entrée des basses-cours. Alors il s'avança avec précaution, entre-bailla une porte, puis le bras armé d'une longue gaule et plongé dans l'ouverture, il se mit à frapper à grands coups. Les habitans de la place ainsi attaquée à l'improviste étaient les poules de l'abbaye. Je laisse à penser comment elles trouvèrent les douceurs du réveil. Un caquetage de surprise et d'effroi s'échangea d'abord entre celles que visitait la gaule, puis des cris plaintifs, et des cris d'indignation, et des cris lamentables, et des cris de fureur; puis enfin une rumeur universelle, mélange d'étonnement de prières et de reproches qui semblait provoquer un vengeur. Aussi le coq chanta. — A son cri perçant répondit un mugissement comme celui de cent taureaux qu'on abattrait à la fois. Hues vit quelque chose de noir qui planait au haut des airs, et peu après entendit tomber une énorme pierre qui écrasa tout le poulaillier. Cette pierre était la dernière qu'allait poser Satan lorsque le coq avait chanté, celle qui devait fermer le dernier cintre du dernier arc-boutant; et ce cintre, depuis personne ne put le consolider. Hues y employa toute sa science et vingt autres après lui. Mais le pilier de l'arc-boutant qu'il devait clore demeura caduc et menaçant ruine, et s'agitant même au simple vibrement d'une cloche; et le nom lui resta à tout jamais de pilier branlant de St.-Nicaise. (1)

A cela près, l'abbé dom Simon eut enfin son église, Hues son Elisabeth tant aimée, et le diable la queue rapée que vous savez; sans compter une belle fluxion de poitrine qu'il avait gagnée à se hâter ainsi, et dont il ne guérit que dans les sueurs de l'enfer.

(1) Voir la lithographie qui représente la face latérale de ce monument.

REIMS, IMPRIMERIE DE REGNIER.

LES BUREAUX D'ABONNEMENT SONT CHEZ CORDIER, LIBRAIRE-ÉDITEUR, rue de l'Écrevisse, n.º 2, à Reims.

Reims Pittoresque — 5e. Livraison

Cascade des Promenades de Reims

Cordier, Editeur, Reims. — Litho. [illegible]

J. GODINOT,

Chanoine de l'Église de Reims.

Né en 1661, mort en 1749.

J. Godinot chanoine.

REIMS

PITTORESQUE,

Ancien et Moderne.

COURS OU PROMENADES PUBLIQUES

DE LA VILLE DE REIMS.

En 1832, le conseil municipal de la ville de Reims arrêta que les promenades publiques de cette Ville seraient abattues par dixième et replantées de même dans l'espace de dix années. Les arbres trop vieux, disait-on, ne gagnant plus et parconséquent ne rapportant plus, devaient être livrés aux bûcherons et la hache les faire disparaître. Quelle étrange décision dans une ville opulente, commerciale, manufacturière et industrielle !

Ceux qui les plantèrent il y a plus d'un siècle, ne songèrent guère au produit que leurs descendans pourraient en retirer. L'agrément et l'utilité publique furent leur but : il a été rempli.

Un tel arrêté devait nécessairement attrister les rémois. Des plaintes s'élevèrent de toutes parts et de toutes les classes de la société. Dans cet arrêté on ne voulut y voir que la destruction et non une nouvelle plantation, et cependant la mairie faisait de suite replanter. Ces jeunes ormeaux reprendront-ils ? seront-ils épargnés par les malveillans ? les petits bons hommes des colléges et maisons d'éducation, si vifs, si ingambes, si étourdis, les épargneront-ils ? quand nous couvriront-ils de leurs feuillages ? voilà ce qui sortait de toutes les bouches, et voilà ce qu'entendait constamment l'autorité municipale. La presse, la presse si puissante en notre temps, ne resta pas muette dans cette circonstance. Un poëte, censeur du collége royal de Reims, M. P. A. Fabre(1) fit entendre les vers suivants qui, avec tout ce qui se disait, ébranla l'autorité et l'aurait dès ce moment fait revenir sur son arrêté,

(1) Elégie sur la chute des promenades de Reims, Delaunois. 1833. in-8.o

si dans ce qu'elle faisait elle n'eût cru suivre les intentions de l'ancien conseil municipal.

Ces vieux témoins de notre histoire,
Respectés par la faux du temps,
Pouvaient encore mille printemps
Faire de la cité l'ornement et la gloire.

....

D'autres arbres enfans bientôt prendront la place
De ces géans que l'homme a terrassés.
Qu'ils paraîtront petits dans cet immense espace!
Avant que les rameaux se soient entrelassés,
Combien auront senti les atteintes terribles
Que la mort frappera sur leurs tiges flexibles!
Que de soleils seront passés!

....

Arbres enfans, avant que votre épais feuillage
Se courbe en voûte entre nous et les cieux,
Nous n'aurons plus de frais ombrages, etc.

....

Un jeune élève de philosophie du même collége, M. Amédée Duplessis, s'écriait dans le Grappilleur du 11 Avril 1834 :

Reims, dis-moi : qu'as tu fais de ta belle ceinture?
Qu'as tu fais du ruban qui ombrageait ton front?
Qu'as tu fait du vieil orme à verte chevelure?
Vendu.... Reims!! ah! c'est un affront,
Car tu n'as pas compris que c'était ta parure?
Car tu n'as pas compris que c'était odieux
De trahir ces vieux troncs qu'épargnait la nature,
Pour ombrer tes murs noirs d'un feston radieux.

Deux dixièmes des arbres tombèrent toutefois sous les coups des bûcherons, et leur chute en ébranlant le sol, portait le chagrin dans l'âme des habitans de la cité.

Mais, ô étonnement! ô prodige! un orme centenaire, un des plus beaux par son tronc et par son feuillage, frappé au cœur, poussa de longs gémissements, et articula ces paroles qui glacèrent d'effroi ceux qui furent à même de les entendre, et émurent le cœur du premier magistrat à qui on les rapporta.

« Ingrat Rémois! ose tu bien porter une main téméraire sur des arbres plantés il y a plus de cent ans par tes pères et qui, depuis plus d'un demi-siècle, sont un des plus beaux ornemens de ta cité. Ingrat! tous les jours tu nous montres avec orgueil aux étrangers qui entrent dans tes murs, soit pour des affaires commerciales, soit pour connaître une ville qui marque dans l'histoire, ne manquant jamais de leur faire observer que tes promenades sont des plus belles du royaume. As-tu donc oublié que des rois, des princes, l'empereur même, en les parcourant les ont admirées; deux divisions de la grande armée, les soldats de ce grand capitaine couverts de lauriers qu'ils avaient cueillis en Allemagne, ne se reposèrent-ils pas en septembre 1808 sous nos ombrages, n'y burent-ils pas à la santé de celui qui tous les jours les conduisait à la victoire, à la tienne et à celle des rémoises, qui, par leur présence, embellissaient ces repas champêtres, où Mars, Vertumne et Bacchus faisaient tous les frais? arrête! respecte nos vieux ans et ne porte pas plus long-temps parmi nous la désolation et la destruction. Quand nous serons tombés sous la hache des bûcherons, quand notre sol sera découvert et que de faibles ormeaux presque sans feuillages seront à notre place, dis moi, où iront tes troubadours chercher des inspirations? où les magistrats de cette grande cité iront-ils méditer ou se reposer de leurs sérieuses et très-importantes occupations? Où exposeras-tu les produits de ton industrie, comme tu l'as fait en 1825? Où iront tes femmes et tes filles, où iras tu toi-même chercher l'ombre et la fraîcheur dans les grandes chaleurs de l'été et oublier un instant ton commerce et ton négoce? Où donneras tu tes fêtes? cherches bien? Où trouveras tu dans ta ville un lieu qui nous soit comparable? Tu as entendu parler des fêtes de l'Inauguration : le burin s'est chargé de les transmettre à la postérité. Je ne te parle pas des fêtes qui ont précédé et suivi celles de la liberté, tu les connais? Mais si la musique fait quelques impressions sur ton âme, si tes oreilles ont par fois été délicieusement affectées et réjouies par de bruyantes fanfares et par de tendres harmonies, dis-moi, n'est-ce pas dans nos belles allées toutes couvertes de verdure, toujours disposées et se prêtant merveilleusement aux accords de tous les instrumens? Ah! reviens sur ta décision! reviens, il en est temps encore, respecte des arbres qu'ont respecté tes pères, (1) aie pitié de nos vieux ans.»

(1) Le 21 Juin 1765, un sieur Oudard, frippier, fut condamné à 30 s. d'amende pour s'être montré en robe de chambre dans les Promenades.

Il est impossible de rendre ce que produisit de telles paroles sur les cœurs de ceux qui furent à même de les entendre; ce que nous savons, c'est qu'elles eurent assez d'effet pour suspendre indéfiniment la chute des promenades, et de laisser sur pied des arbres qui, quoique centenaires, peuvent encore procurer aux habitans de Reims de douces jouissances.

Ce vieil arbre, cet orme séculaire, en réclamant avec tant d'énergie pour sa conservation, savait bien que c'était M. Dorigny d'Agny, syndic de la ville de Reims, et prévôt de l'échevinage, qui avait conçu le projet de la plantation des promenades, que c'était M. Lepelletier qui l'avait exécuté sur les plans et devis de Le Roux, jardinier de Reims, et que c'était ce dernier avec son fils qui les avait plantées.

En effet, la première plantation des promenades a été faite en 1731; mais les grandes gelées de l'hiver suivant les ayant détruites presqu'entièrement, il fallut recommencer en 1733.

Formées d'abord d'une grande allée et de deux collatérales, elles furent augmentées et conduites, par l'acquisition de nouveaux terrains, vers la rivière; de la Patte-d'Oie, traversée par ces mêmes allées, et du salon pratiqué au milieu, qui se trouvait, il y a quarante-cinq ans, garni de bosquets composés de treillages et de charmilles à hauteur d'appui. Ces allées sont aussi traversées, près de la rivière, par une autre allée, à laquelle les deux qui forment la Patte-d'Oie en s'élargissant, vont aboutir.

On a donné aux promenades de Reims le nom de Cours Royal, parce que le roi Louis XV, revenant en 1744 de ses conquêtes de Flandre, a fait, le 29 Juillet, son entrée publique dans la ville (1), par la porte Neuve,

Lévesque de Pouilly, lieutenant des habitans, les fit augmenter en 1749. Il fit pratiquer, de la barrière de la porte de Mars jusqu'à la hauteur de la Patte-d'Oie, une allée moins large que les premières, pour les personnes qui aiment la solitude. Cette allée est coupée par un beau boulingrin et trois autres plus petits, qui tous étaient aussi autrefois fermés de haies et de charmilles à hauteur d'appui.

Les perspectives ne furent percées que dix ans après, en 1759.

Le Petit-Bois, nommé le Bois-d'Amour, a été planté plus tard.

Quant aux parties basses des Promenades qui longent les murs de la ville, de la porte Neuve à la porte de Paris, et de la porte Neuve à la porte de Mars, elles n'ont été plantées qu'en 1786 et 1787, aussitôt le desséchement de l'étang, qui se trouvait dans cette partie basse, entre la porte de Paris et la porte Neuve, et qui eût lieu en 1785. Louis XVI y contribua par ses bienfaits. Cet étang, très-nuisible à la santé des habitans des quartiers de la Magdelaine, puisqu'il exhalait des miasmes pestilentiels, recevait peu d'eau de la rivière et se trouvait presqu'entièrement formé des égoûts de la ville.

(1) Louis XV avait accordé sur la fin de 1750, 2000 fr. pour l'entretien des promenades.

Dans cette nouvelle plantation, le Conseil de ville, qui voulait faire quelque chose d'extraordinaire, y fit planter des arbres étrangers, élever un obélisque de 15 à 20 pieds de hauteur, terminé par un globe doré, et construire, avec des pierres de taille, un espèce de ruisseau anglais. *Un ruisseau anglais, large d'environ deux pieds et fait en pierres de taille !....*

Ces deux constructions furent généralement désapprouvées : elles attirèrent sur le Conseil des choses désagréables et de piquantes railleries : l'on fit contre lui l'épigramme suivante :

Messieurs, votre obélisque annonce l'opulence,
Il passera tout droit à la postérité ;
Mais pour y joindre l'utile à l'élégance,
Et lui donner plus de célébrité,
Dans sa base il faudrait y faire un lieu d'aisance,
Ce serait pour la ville une commodité.

Cet obélisque était où se trouve le boulingrin, formé de tilleuls, au bas de la tour de la Magdelaine. Quand l'étang existait, cet endroit était appelé l'île des Cignes, parce qu'il y avait de ces beaux oiseaux qui s'y promenaient : ils se retiraient dans une espèce de baraque pratiquée au pied de la tour.

Voici les inscriptions qui étaient gravées sur les trois faces de l'obélisque.

En 1731, d'après les plans et devis, et sous la conduite de Pierre Leroux de Reims, les premières plantations de ces promenades ont été faites. M. Jean-Rogier du Say, étant lieutenant des habitans; M. Pierre de Lacourt, prévôt; M. Dorigny d'Agny, procureur du roi, syndic. En 1749, les boulingrins et les allées qui y correspondent, ont été plantés. M. Louis-Jean Lévesque de Pouilly étant lieutenant des habitans; M. Antoine-Rigobert Bourgoogne, prévôt; M. Jean-Baptiste Maillefert, procureur du roi, syndic.

L'ANNÉE 1785,

Les bienfaits accordés par sa majesté Louis XVI
Ont procuré à cette ville
Les moyens d'éloigner le cours des égoûts,
Et de convertir en une promenade agréable
Un étang dont les exhalaisons
Nuisaient à la salubrité de l'air.

L'AN 1787,

Ce monument a été élevé
M. François-Joseph Souyn, maréchal
des camps et armées du roi,
Etant lieutenant des habitans;
M. Jean-Simon Lévesque de Pouilly,
conseiller d'état, vice lieutenant;
M. Gérard Collardeau, prévôt;
M. Jean-Remi Bourgougne,
procureur du roi, syndic.

Vers 1790, l'obélisque ayant été détruit, les trois inscriptions furent déposées dans une pièce à droite, en entrant, dans l'Hôtel-de-Ville. A la formation de la garde nationale, cette place ayant été prise pour faire un corps-de-garde, on la pava avec ces inscriptions et plusieurs autres. Un plancher fut posé dessus quelques années après. En 1823, le 27 Juin, quand on démolit cette place et d'autres bâtimens pour achever la façade de l'Hôtel-de-Ville, on les retrouva cassées en plusieurs morceaux, mais pouvant facilement être rassemblées. On avait conseillé à la Mairie de faire placer les deux premières à la porte Neuve, entre les pilastres, comme rappelant deux faits historiques : elles ont été conduites au dépôt de la ville, place du Château de la porte de Mars.

Ces promenades, couvertes d'un nombre prodigieux d'arbres très-élevés, plantés en échiquier, bien entretenus et taillés en berceaux, seraient portées à leur perfection, si les boulingrins étaient décorés de belles statues, si l'eau jaillissait dans plusieurs endroits, par exemple, à l'entrée des promenades près de la porte Neuve et dans le beau salon peu éloigné de la rivière; si la porte Neuve, qui forme vers le grand boulingrin un point de vue irrégulier, était déplacée et replacée directement en face de ce boulingrin par une belle grille comme celle de la porte de Paris, et si la grande allée était continuée et poussée jusqu'à la route qui conduit à la capitale. De tels embellissemens n'étaient, il y a cinquante ans, que de beaux projets que l'exiguité des revenus de la ville de Reims rendait impossibles. On a tout lieu de croire qu'actuellement le conseil municipal de cette ville est à même d'en réaliser une partie.

La porte Neuve, qui est la porte principale des promenades, a été construite en 1740, par Nicolas Bonhomme, architecte de Reims, moyennant 23,000 fr. et les matériaux d'une ancienne poterne nommé Ragmaire Buiron, qui se trouvait positivement en cet endroit. Un pont d'une seule arche servait à l'écoulement des eaux. Cette porte a coûté à la ville avec les plus faits, 30,000 fr.; elle est de bon goût, mais elle aurait été beaucoup plus belle si, au lieu d'être pleine, on y avait placé entre les pilastres une belle grille qui aurait laissé voir, de la Couture, le boulingrin dans toute sa longueur.

La porte de Mars et la petite grille qui se trouve entre le déversoir et le moulin de la porte de Paris, ne sont pour les promenades que des portes secondaires.

Ce déversoir, aujourd'hui simple glacier, était anciennement composé de trois pilastres qui n'existent plus depuis près d'un demi-siècle.

Au sacre de Louis XIII, Guillaume Baussonnet, poëte, peintre, sculpteur et graveur de Reims, fit l'inscription suivante sur un aulne qui avait pris racine entre les pierres meulières du pilastre du milieu; cet arbre n'avait pour toute nourriture que l'eau qui battait le pied du pilastre, et le peu de ciment qui servait à lier les deux pierres, de la jointure desquelles on le voyait sortir. Cet aulne, après avoir fait une souche assez grosse, se recourbait et s'élevait vers le ciel de la hauteur de plus de 20 pieds, avec une tige aussi droite que s'il avait été planté dans une bonne terre. Chacun le regardait avec surprise et même avec admiration.

> Assis sur cette pierre dure,
> Je vis de la fraîcheur des eaux;
> Et Phébus nuit à ma verdure
> Quand il prend ses plus chauds flambeaux.
> Mais aujourd'hui j'ai d'aventure,
> Un heureux change à ma nature:
> Car si la trop cruelle ardeur
> De Phébus me tue et m'offense,
> Je revis voyant la splendeur
> De Louis, soleil de la France.

Le desséchement de l'étang des promenades amenait le conseil de ville à la construction du canal qui conduit les égoûts des quartiers de Cérès à la rivière de Vesle, au-dessous de Clairmarais, ce qui eût lieu en 1786. Ce canal devait incontestablement faire bénir l'administration de ce que par ce moyen elle détruisait un cloaque très-capable d'altérer la santé des habitans des quartiers de St-Hilaire: chose étrange, il attira contre elle des critiques fort amères et des pamphelets injurieux. Cette conduite inconvenante et tout à-fait inexplicable de la part de quelques habitans de Reims contre l'autorité qui, dans cette circonstance, avait agi d'une manière vraiment paternelle, rappelle ces vers de la fable de l'horloge et les Citadins, de l'abbé Guichet.

Le public à mon sens est un sot animal,
Il prétend tout régler au gré de son caprice,
Malheur au juge, au maire, au chef de la police,
A quiconque est cité devant son tribunal!
Qu'il soit exact ou non, qu'il soit doux ou [sévère,
La critique à coup sûr est toujours son salaire.

En fouillant la terre près de la porte de Mars, pour la construction de ce canal, on trouva, à plusieurs pieds de profondeur, les restes d'une maison, une porte et des croisées.

On n'apprendra pas sans intérêt que les promenades de Reims, menacées deux fois d'une destruction prochaine, restèrent toutefois debout, et que toutes les deux fois les menaces ne furent suivies d'aucune exécution.

En 1793 la misère était si grande parmi le peuple, et le pain si rare et si cher, qu'on proposa d'abattre les promenades et d'y planter des pommes de terre, pour alléger, s'il était possible, le sort des malheureux ouvriers manquant presque d'ouvrage et de pain. Les mauvais jours se passèrent, et les promenades restèrent pour l'ornement de la ville

En février 1814, les Russes voulaient les abattre, ou du moins en partie, afin d'avoir du bois pour construire des pontons. M. Jobert-Lucas, chez qui toutes les affaires importantes de la ville se traitaient, en ayant été instruit, fit venir chez lui l'officier chargé de cette opération, et appela en même temps le maître charpentier de la ville, M. Ponsin. Les russes, lui dit-il, veulent prendre des arbres dans nos promenades pour construire des pontons : pourrait-on trouver dans Reims le bois qui leur serait nécessaire pour cela et sauver nos promenades? Oui, Monsieur, lui répondit maître Ponsin, on en trouvera chez les charpentiers de la ville. Eh bien, arrangez-vous avec cet officier. Cela se fit, et les promenades ne furent point endommagées.

L'auteur de cet article était présent chez M. Jobert, quand ce fait eût lieu.

REIMS, IMPRIMERIE DE RÉGNIER.

LES BUREAUX D'ABONNEMENT SONT CHEZ CORDIER, LIBRAIRE-ÉDITEUR, rue du Cadran St-Pierre, n.o 10, à Reims.

JEAN GODINOT, -- *Bienfaiteur des Rémois.*

JEAN GODINOT, prêtre, docteur en théologie, chanoine de l'Eglise Métropolitaine de Reims, grand vicaire des chanoines de la Sainte Chapelle de Paris abbés de St.-Nicaise de Reims; naquit dans cette Ville en 1661, et y mourut le 15 Avril 1749, âgé de 88 ans.

Si on donne le nom de grand, d'illustre, aux hommes qui se sont distingués par leur esprit, leurs talens, leurs connaissances, par de brillantes actions et de belles qualités, par de bons et même quelquefois, par de mauvais ouvrages; quel nom donnera-t-on à un prêtre sans nom et sans fortune, qui ayant eu l'avantage d'amasser dans le commerce de vin, plus de cinq cent mille livres, les consacra à l'embellissement de la première Eglise de son pays natal, au soulagement des pauvres, des malades et des infirmes, et aux besoins publics? Il y a plus d'un demi siècle on l'aurait décoré du nom pompeux de philantrope; de nos jours il aurait celui d'homme utile; nous, nous lui donnerons le nom qu'il reçut de nos pères, ses contemporains, celui de bienfaisant. Ce nom sera de tous les temps, il ne changera jamais.

Né avec un cœur sensible et généreux, comment l'abbé Godinot n'aurait-il pas été porté à la bienfaisance? tout autour de lui respirait et pratiquait cette douce vertu! cette fille du ciel, qui venait de fermer les yeux à St.-Vincent-de-Paul et de le conduire dans la céleste cité, faisait alors sa résidence à Reims et y électrisait tous les cœurs. Claude et Charles-Dorigny, chanoines de Reims, venaient de jeter les fondemens de l'hôpital général, et M.me de Magneux, d'établir celui de Ste.-Marthe, vulgairement connu sous le nom de Magneuses. Jacques Callou, aussi chanoine, fondait l'hospice des scrophuleux, (St.-Marcoul), déjà commencé par Marguerite Rousselet; et Bachelier des Gentes, sacrifiait et exposait sa vie pour les affligés, pour les pauvres et pour les soldats blessés et abandonnés sur les champs de batailles. L'abbé de Lasalle prenait pour lui la portion la plus chère de la société, l'éducation et l'instruction des enfans. D'autres avant lui s'étaient chargés de malades, des infirmes et des vieillards; lui, plein de charité, et à l'exemple de Jésus-Christ, son divin maître qui disait, *laissez venir à moi les petits enfans*, instituait les frères de la doctrine chrétienne; et Nicolas Roland, théologal de l'église de Reims, donnait des bases à l'hôpital des orphelins, heureusement commencé par Marie-Barbe Martin, épouse de Georges Varlet, bourgeois de cette

Ville. Doué d'esprit, d'une âme ferme que rien ne savait ébranler, et avec cela, de beaucoup d'activité et d'affabilité, l'abbé Godinot pouvait sans doute acquérir une brillante réputation dans le domaine des sciences, mais comment résister aux beaux exemples qu'il avait sous les yeux? Il s'associa aux bonnes œuvres des personnes que nous venons de nommer, et son âme vraiment compatissante, trouva aussi des larmes à sécher, des infortunes à soulager, et des bienfaits à répandre : non seulement il le fit pour venir au secours de l'humanité souffrante, comme le disent et l'écrivent tous les jours bien des gens, qui n'ont ces grands mots que dans leur bouche, et de sensibilité que dans leurs livres, mais aussi dans l'intention et en vue d'être agréable à Dieu.

L'abbé Godinot était fils d'un corroyeur, mort dans un âge peu avancé, laissant sept enfans, quatre fils et trois filles, et une fortune très-médiocre; toutefois il n'avait rien négligé pour leur faire donner à tous une bonne éducation. Il avait placé son fils Jean, chez les jésuites, qui, bons appréciateurs du mérite et des talens de leurs élèves, cherchèrent à s'attacher le jeune Godinot, et à le déterminer à entrer dans leur société. Ils ne purent cependant y réussir. A la fin de ses études, et après avoir été fait docteur en théologie, il alla passer quelque temps à Paris, pour s'y perfectionner dans la science ecclésiastique et dans la piété; revenu à Reims, il fut pourvu d'un canonicat dans la collégiale de St.-Symphorien, où, sans se borner aux seules fonctions de Chanoine, il ait desservi encore la paroisse de St.-André au Faubourg de Cérès, dépendant de cette collégiale. Son mérite néanmoins perçait de toutes parts : son archevêque, Charles-Maurice le Tellier, qui sût l'apprécier, le plaça à la tête de son séminaire, et voulant se l'attacher encore davantage, il le fit chanoine de sa cathédrale en 1692.

Dès ce moment, retiré dans sa maison canonicale (rue de la Prison de Bonne-Semaine, aux petites fontaines), avec un de ses frères, et deux de ses sœurs; il y vivait tranquillement, occupé de l'étude et de l'administration de son patrimoine, et méditant sur le bien qu'il pourrait faire à ses concitoyens; cette tranquillité ne devait pas durer longtemps pour lui.

L'abbé Godinot était syndic de la faculté de théologie en 1706, lorsque M. de Mailly, successeur de M. le Tellier, y fit apporter la constitution *Unigenitus :* il l'accepta d'abord, mais s'en étant repenti, la réclamation authentique de la faculté fut son ouvrage. Il adhéra à l'appel des IV. Evêques avec la faculté de théologie, le 8 Mars 1717 : le 22 du même mois avec le chapitre, le 26 avec l'Université et en qualité de syndic, il présenta à son archevêque une conclusion par laquelle la faculté déclarait persister dans la résolution de laisser aux candidats la liberté de signer purement et simplement le formulaire, où relativement à la paix de Clément IX, la faculté ne croyait pas qu'il lui appartint de réprouver une signature qui avait été agréée et autorisée en 1668.

Exclu par lettre de cachet, avec six chanoines, des assemblées du chapitre, et par une nouvelle exclusion du chœur de la cathédrale pour le jour du sacre de S. M. Louis XV, (25 Octobre 1722) et les jours où le nouvel archevêque, M. de Rohan, assisterait à l'office, l'abbé Godinot n'en fût pas moins réélu syndic par les suffrages unanimes de la faculté. Il est vrai qu'il ne jouit pas long-temps de ce nouveau témoignage d'estime, car une lettre de cachet vint l'exclure lui et treize autres docteurs, pour toujours des assemblées.

Ce coup de l'autorité, loin de lui être défavorable, lui rendit la tranquillité qui lui était nécessaire pour s'occuper d'une manière éfficace du dessein qu'il avait toujours eu de répandre sur sa patrie les biens considérables qu'un talent particulier pour la culture des vignes, la qualité rare et presque unique qu'il savait donner à ses vins, (1), une grande économie (2) et une frugalité constante lui avaient procurés. Nous le répétons, né avec un talent supérieur pour l'administration, l'abbé Godinot s'appliqua d'une manière connue de lui seul, à façonner les vins qu'il recueillait aux terroirs de Verzenay et de Bouzy, et à leur acquérir une grande réputation. Nous remarquerons ici, qu'il mettait la même attention à l'assistance régulière des offices canonicaux, qu'à la surveillance de ses biens et aux affaires de son commerce.

Avant d'exécuter ce qu'il avait à cœur depuis long-temps, et voulant que sa générosité fût pure et irréprochable, de concert avec une sœur qui lui restait, ou après la mort de cette dernière, l'abbé Godinot donna à ses héritiers, non-seulement ce qu'il avait eu de patrimoine, mais il y ajouta encore des marques de générosité. Dans ce dessein il les rassembla tous, jusqu'aux enfans des cousins issus de germains, composant neuf branches plus ou moins nombreuses, et à chacune desquelles il donna 6,000 liv. par neuf contrats de donations, des années 1736 et 1737, prélevant ainsi sur sa fortune en argent comptant, 54,000 liv. qui exédaient, à ce qu'on croit, de près de 20.000 liv. son ancien patrimoine. Quitte alors envers eux, il employa ce qu'il possédait à orner le temple du Seigneur et à faire du bien à ses concitoyens. Les sommes qu'il consacra pour le maître-autel de la cathédrale, les stalles, les grilles, les vitraux et la chapelle de la Ste.-Vierge, se montèrent à plus de 120,000 liv. Il donna 14,000 liv. à l'hôpital général, près de 30,000 liv. pour les écoles gratuites de la paroisse de St.-Hilaire; à l'Hôtel-Dieu 42,000 liv. tant pour la fondation de l'hôpital St.-Louis pour y recevoir les femmes attaqués de cancers, que pour d'autres bonnes œuvres; 80,000 liv. pour faire disparaître les aqueducs qui se trouvaient derrière l'église de la Magdelaine, dont les eaux croupissantes répandaient dans les airs des vapeurs pestillentielles, pour les promenades publiques, et de nouveaux bâtimens aux hôpitaux. Convaincu que la nature des terrains de Reims nuit aux eaux et les rendent très-pernicieuses et peu favorables aux fabriques, il donna, pour amener les eaux de la Vesle à la

---

(1) Jean Godinot laissa sur le vin et la culture des vignes, un mémoire cité par l'abbé Pluche, dans son Spectacle de la Nature, tome 2e, page 345.

(2) L'abbé Godinot ne s'éclairait quand il était seul qu'avec une lampe. On raconte qu'un soir, le lieutenant des habitans, Lévesque de Pouilly, auteur de la Théorie des Sentimens agréables, étant venu le voir pour s'entretenir avec lui des affaires de la ville, le bon vieillard, sans se déranger, le fit asseoir près de lui au coin du feu, souffla sa lampe en disant: Nous causerons tout aussi bien sans voir clair, il ne nous faut pas de lumière pour nous entendre. Chez quelques individus un semblable trait serait avarice, chez le bienfaiteur des Rémois, ce n'était réellement qu'économie.

première fontaine de la ville, celle qui est près de la halle St.-Remi 50,000, ou 100,000 liv. (1) et pour continuer une œuvre si utile et si favorable à l'industrie et subvenir à son entretien annuel, il laissa par son testament le reste de ses biens (2), instituant messire Jean-Louis Lévesque de Pouilly, lieutenant des habitans, et Jean-François Rogier, conseiller et échevin de la Ville, ses légataires universels immobilièrs, et exécuteurs testamentaires. (3).

Le 5 août 1747, jour où l'on fit l'essai des fontaines, fut un jour de fête et de bonheur pour nos aïeux, de satisfaction pour le bienfaisant chanoine, et de triomphe pour le minime Féry (4). Dans l'après-midi, l'abbé Godinot se

---

(1) Pour l'y déterminer, a dit l'abbé Geruzez, Description historique et statistique, etc. pages 360 et 361. *M. De Pouilly, s'assujétit pendant près d'une annee entière, à rendre tous les soirs visite à ce vieillard.* En lisant ces mots, on pourrait penser que l'abbé Godinot n'était nullement porté pour l'établissement des fontaines, et qu'il ne se décida à y donner les mains qu'obsédé par les importunités de M. de Pouilly. Cela demande à être éclairci. L'abbé Godinot, dans le bien qu'il méditait et qu'il se proposait de faire à sa patrie, n'avait jamais fixé son attention à l'eau si utile au peuple et aux fabriques. Cela était nouveau pour lui, il fallait le convaincre, et la chose était d'autant plus difficile, que l'argent qu'on désirait obtenir de lui pour les fontaines, était par lui destiné à une autre bonne œuvre, ce qui explique tout. D'ailleurs, l'abbé Godinot, a dit l'abbé Desaulx, * chanoine de Reims qui lui était très-opposé quant aux opinions qui divisaient alors l'église, « N'était point exempt » de payer à l'humanité son tribut d'imperfection : attaché avec raideur à ses vues et à ses » desseins, il semblait avoir médité le nombre et » la nature de ses bienfaits en même temps que » sa fortune. Tout objet qui n'était point entré » dans ce plan avait pres de lui l'exclusion ; » insensible à tous les traits de la critique ou » de la censure, inaccessible au pouvoir séduc- » teur de la louange et de la flatterie, il ap- » portait aux objections ou aux nouvelles pro- » positions une tranquillité inflexible que rien » ne pouvait vaincre, et que son âge rendait » presque respectable; prévenant, pressant même » dans ses bienfaits, il voulait cependant que » son goût en dirigeât seul l'exécution ** et » plutôt que de renoncer à cette espèce d'empire, » il mettait à prix son triomphe et étouffait » la contradiction sous le poids de ses nouvelles » largesses : enfin, magnifique et tout à la fois » économe dans ses dons, il croyait trouver » dans le détail qu'il s'en était réservé, le moyen » de les étendre et de les multiplier encore : » ce qui acheva de faire de lui un de ces hommes » uniques, nés autant pour l'étonnement que » pour le bonheur de leur patrie. »

* *Eloge historique de M. de Pouilly.*

** *C'est ce qu'il fit notamment pour les fontaines ; on peut le voir par le livre des conclusions qui se trouvent au cartulaire de la ville.*

(2) Cela ne put suffire. Le conseil de ville obtint du roi Louis XV, 180,000 liv. et plusieurs personnes y contribuèrent aussi. On cite entre autres, Jean-François Rogier, qui fut lieutenant des habitans en 1751, pour une somme de 3,000 liv. L'abbé Pluche pour au moins, 40,000 liv., valeur des biens qu'il possédait lors de son décès, et qu'il laissa à la ville pour cet objet : Antoine Rempenaux Clere et Jacques Callou, chacun pour 1,000 liv.

(3) Le testament de l'abbé Godinot a été attaqué en nullité par quelques-uns de ses héritiers, qui furent déboutés de leur demande et condamnés aux dépens par arrêt de la cour du 27 Décembre 1749. Le conseil de ville, pour la mémoire des bienfaits de leur généreux parent, et voulant que sa reconnaisssance s'étendit même sur ceux de sa famille qui ont contesté ses dispositions, a conclu, le 5 Janvier 1750, à ne jamais leur demander les frais du procès. Il fit plus encore, aussitôt après la mort de Jean Godinot, il s'empressa d'obtenir de M. Pelletier de Beaupré, commissaire déporté dans la province, la permission de diminuer de moitié la capitation de ses héritiers et de les exempter de logemens militaires, et de toutes les charges publiques.

(4) Nous disons triomphe, car plusieurs personnes trompées par les ennemis de ce mathématicien, doutaient qu'il eût assez de talens pour élever les eaux de la Vesle et les faire venir dans la ville. Le succès les confondit et ils furent obligés de lire sur la plaque placée dans l'intérieur de la machine *de l'invention et sous la conduite du R. P. Fery, minime de Reims.* Nous ne disons pas que la machine était tout-à fait ce qu'elle devait être pour fonctionner d'une manière convenable ; nous ne disons pas non plus que d'apres la visite faite sur les lieux en Juin 1750, par MM. Nicolaïs successeur de Fery dans la chaire de mathématiques à Reims, et Charles-Etienne Le Camus, membre de l'académie des sciences, on n'a pas rectifié quelques parties qui avaient besoin d'être changées. Féry, resté à Reims, aurait probablement (si toutefois on avait voulu suivre ses avis) mis la machine dans un état satisfaisant, mais les tracasseries qu'on lui suscita, l'avaient éloigné de cette ville, et il se trouvait alors occupé à construire des fontaines à Amiens, et ensuite à Dôle. Pour le faire, il n'aurait eu qu'à exécuter le plan qu'il avait donné et peut être à y faire

rendit avec le lieutenant des habitans, du couvent des minimes où ils étaient allés y prendre le R. F. Féry, au château d'eau; ils étaient accompagnés des conseillers de Ville et de tout ce que Reims avait de plus distingué, et suivis d'une foule innombrable de peuple de tout âge et de toutes conditions. La compagnie des arquebusiers et les hoctons (garde du lieutenant de ville), étaient sous les armes. Il est impossible d'imaginer un spectacle plus frappant, a dit un magistrat * » Le vénérable vieillard était » placé sur une petite éminence, d'où » il pouvait contempler son ouvrage et » la multitude des spectateurs. On voyait » briller sur son visage cette douce sa- » tisfaction, cette joie pure que font » goûter les bienfaits. Près de lui était » placé le sage maire, trop modeste » pour s'attribuer la part qu'il avait à » l'exécution : Il jouissait paisiblement » du bonheur des autres; ses regards » se portaient alternativement sur le » bienfaiteur, dont il partageait le con- » tentement, et sur le peuple dont les » acclamations venaient retentir sur son » cœur. Dans l'instant que les eaux » jaillirent, vingt-mille voix se joigni- » rent au bruit du canon des remparts, » bénissant à l'envie l'heureux Codinot, » et lui souhaitant les plus longs jours. » Touché, attendri jusqu'au fond de » l'âme, je sentais des larmes délicieuses » se répandre sur mes joues, je mêlais » malgré moi mes cris à ceux du peuple » reconnaissant. O mon ami, qu'il est » beau, qu'il est doux de faire le bien! » pourquoi l'humanité, ce sentiment si » naturel et si sublime, est-elle si rare » parmi les hommes? qu'elle pourrait » produire de grandes choses. » Dans ce beau jour, l'heureux Godinot versa des larmes de joie, comme en 1744, il en avait versé lorsqu'il avait été présenté à son Roi. Si par un ordre plus qu'arbitraire, l'entrée de la cathédrale lui avait été interdite le jour du Sacre de Louis XV, il en fût alors pleinement dédommagé. Tout ce qu'il y avait de grand dans l'état et dans l'église, s'empressa de lui donner des témoignages flatteurs, et le Roi en révérant la vertu d'un sujet généreux qui n'usait de ses richesses que pour le bien public, y joignit aussi ses félicitations. De tels momens font oublier bien des désagrémens, bien des contrariétés, et l'abbé Godinot, tout en faisant le bien, n'en a pas été exempt.

On lui a reproché, que dis-je, on lui a fait un crime de s'être livré au commerce; mais, dit Levesque de Pouilly dans le discours qu'il prononça le 17 Février 1751 » Ce génie ferme et élevé,

quelques légers changemens, car on s'en était éloigné; nous en avons la preuve dans le fait suivant : « Extrait du livre des Conclusions du » 11 Septembre 1747. « L'abbé Godinot vint » exposer au conseil les difficultés presque *in-* » *surmontables* de trouver des pièces de bois de » 50 pieds de hauteur, pour construire le » Château-d'Eau, dans lequel la machine » devait porter les eaux dans la cuvette, cons- » truite à 65 pieds d'élévation, et proposa un » moyen aussi sûr et moins coûteux pour faire » venir les eaux dans la ville, en les forçant « par des pompes foulantes de monter dans les « tuyaux posés sur un plan incliné dans le canal « venant de la foulerie aux fossés de la ville, « dans lesquels seraient construit deux arcades « portant un mur qui recevrait le tuyau qui « introduirait les eaux dans Reims.» La cuvette se trouvait alors placée sur le rempart et les eaux n'y parvenaient qu'après avoir parcouru toute la longueur du canal, et après être montées sur un mur incliné de 23 degrés. Le conseil approuva le plan proposé par l'abbé Godinot, et le pria de donner ses ordres pour le faire exécuter. Ce changement au plan du minime ne fut pas heureux, et l'on se vit obligé d'y revenir deux ans après.

* *Lettre écrite de Reims, à M.*** à Paris, in*-8.° 1766.

» avait pensé que la loi qui défend aux » ministres des autels de travailler à augmenter leur fortune, devait en certaines » circonstances recevoir des exceptions, » et céder à la loi éternelle qui ordonne » de faire aux autres tout le bien dont » on est capable : il faut cependant observer qu'il en avait obtenu la permission de l'archevêque. la vanité ne » fût jamais le mobile de sa conduite, et » tous ceux qui l'ont connu, ont pu » s'apercevoir que les motifs de notre » bienfaiteur ont été aussi héroïques que » ses actions.

» Ceux qui méritent le plus la reconnaissance du public ne l'obtiennent pas » toujours toute entière de leur vivant; » on ne découvre bien toute leur grandeur que quand ils se montrent à nous » dans l'éloignement des lieux ou des » temps ; mais est-on leur compatriote » ou leur contemporain, on aime à secouer le joug de la supériorité qu'ils » semblent usurper sur nous par leurs » bienfaits, et l'on cherche à s'en venger » par des censures : est-on forcé de » louer leurs actions, on se dédommage » sur leurs motifs; ne peut on se dispenser d'applaudir à la fin qu'ils se » sont proposée, on se console par la » critique, des moyens qu'ils ont choisis. » Un retour si contraire à celui qu'un » bienfaiteur serait en droit d'espérer, » le décourage presque toujours et l'abbat, sil n'a que la vanité pour appui.

« L'abbé Godinot a essuyé tous les » traits de cette malignité ; ont ils jamais » suspendu où même ralenti son inclination bienfaisante ? n'a-t-il pas eu » quelquefois à combattre des contradictions d'autant plus capables de déconcerter l'amour propre, qu'elles » étaient suggérées par des intentions » droites, et appuyées sur des raisons » spécieuses ? sa générosité toujours » égale, soit qu'il fut contredit ou loué, » annonçait qu'un principe supérieur à » la vanité, présidait à tous ses mouvemens et dirigeait toute sa conduite. »

L'abbé Godinot mourut, comme nous l'avons dit, le 15 Avril 1749. Sa mort fut un jour de deuil pour tous les Rémois. Ses funérailles se firent avec le plus grand appareil; le lieutenant des habitans, les conseillers de Ville, les anciens lieutenans, les capitaines de la milice bourgeoise, toutes les autorités civiles, la garde du lieutenant, et une affluence plus qu'extraordinaire d'habitans de tous les rangs, de tous les états, et de toutes les classes y assistaient; et tous pleuraient en lui un père, un ami, un bienfaiteur. Pourquoi faut-il qu'au milieu des sanglots qu'on entendait de toutes parts, se soit mêlé des récriminations et des plaintes contre les chanoines, dont quelques-uns, la vérité nous oblige à le dire, y avaient malheureusement donné lieu. On a écrit que sur le point de refuser la sépulture à l'abbé Godinot leur confrère, les chanoines ne s'y étaient déterminés *qu'à la réclamation générale de ses concitoyens* (*); *que refusant de l'enterrer, ils ne cédèrent qu'aux ordres pressans et réitérés de l'autorité civile* (**) ; *d'autres, que le conseil de Ville avait résolu de le faire inhumer avec la plus grande pompe, dans l'église des RR. PP. Cordeliers.* Cela n'est point exact. Le chapitre, ou pour mieux dire, les chanoines présens, au nombre

---

* *Jacob Kolb. Biographie universelle, article Jean Godinot.*

** *Géruzez, article Godinot, dans sa description historique et statistique de la ville de Reims.*

de 35, car le chapitre se composait alors de plus de 60 membres, ne céda ni aux clameurs publiques, ni aux ordres de l'autorité, mais à la raison et à ses propres convictions. L'affaire fut mise en délibération, ce fut sans doute une chose bien inconvenante; il fut décidé à la majorité d'une seule voix 18 contre 17, que les prières et les cérémonies seraient faites suivant l'usage, et qu'il serait enterré dans le préau de la cathédrale, comme cela se pratiquait pour tous les chanoines. L'inscription suivante, faite par M. Desaulx, chanoine et chancelier de l'université de Reims, fut gravée sur la pierre qui couvrait la dépouille mortelle du bienfaisant Godinot.

EPITAPHIUM.

Hic Jacet,
Munificentiæ famâ notissimus
Dominus JOANNES GODINOT,
Præsbiter Remus
Ecclesiæ Metropolitanæ Canonicus,
Sacræ theologiæ doctor,
Abbatiæ sancti Nicasii vicarius generalis
Quo zelo decorem domus Dei dilexerit,
Enarrant
Aræ quas erexit,
Chorus quem pavimento marmoreo, sellis et oratibus
Adornavit.
Inexaustam illius beneficentiam
Prædicant
Fontes Xenodochiæ, scholæ Christianæ.
Tot profusionis in templum et patriam
Monumenta
Posteritati consecrabunt civem,
Quem boni admirentur, divites æmulentur,
Omnes venerentur.
Obiit anno salutis 1749 die Aprilis 15
Ætatis 88.
R. I. P.

Le requiescat in pace omis sur cette épitaphe, y fut placé, 4 ans après, par M. Hubert Clignet, grand chantre de l'église de Reims.

On a dit, et nous n'aurions jamais osé le répéter, si nous ne savions pas jusqu'à quel point l'esprit de parti aveugle les hommes, que des *esprits* brouillons, pour ne rien dire de plus, avaient manifesté l'invention d'insulter à la cendre de l'immortel Godinot. Mais pourquoi rappeler des sentimens si noirs et si peu conformes à la charité chrétienne, disons plutôt avec Lévesque de Pouilly? « Il est mort, cet homme illustre qui » semble avoir été formé pour nous apprendre jusqu'où dans les conditions » privées, on peut signaler son zèle pour » le bien public; il est mort! qu'il » vive éternellement dans nos cœurs, et » que ses sentimens particuliers ne » soient pas pour nous des lettres d'ingratitude: ils ne nous dispensent pas » de payer à ses bienfaits le tribut qui » leur est dû; il en est des bienfaiteurs » comme des rois, le malheur de se » tromper sur les points mêmes les plus » importans, n'efface pas en eux ces traits » sacrés de ressemblance avec la divinité » qui exige de nous les hommages les » plus respectueux. »

On conserve dans l'Hôtel de Ville le portrait et le buste de l'abbé Godinot. Le portrait peint par Le Sueur est dans une des salles de cet hôtel, et le buste en terre cuite, fait en 1748, par H. N. Consinet, déposé dans la bibliothèque, seulement depuis quelques jours, pourrait être placé dans un endroit plus apparent. On le voyait en 1801, dans le muséum, et on lisait au bas cette courte inscription:

« Monsieur Jean Godinot,

» Chanoine de l'église de Reims, après » avoir décoré des temples, fondé des » écoles gratuites, ouvert un asile à des » malades jusqu'alors abandonnés, a couronné tous ses bienfaits en procurant » à sa patrie les eaux salutaires de la » Vesle, l'an de grâce MDCCXLVII. «

Pourquoi tenir cachés les traits d'un homme qui fit tant de bien à son pays? Pourquoi ne pas mettre son buste sur une des principales fontaines de la ville (1), sur celle du Marché aux Draps? La dépense serait peu considérable, il n'y aurait guère que le buste à y poser. Pourquoi le conseil de ville et les autorités municipales qui se sont succédé ne l'ont-ils pas fait? Pourquoi ne pas le faire aujourd'hui? Pourquoi ne pas rétablir toutes les inscriptions qui étaient aux fontaines avant 1791, et que des hommes que nous nous abstiendrons de qualifier, firent disparaître? (2) C'étaient des monumens historiques, faits pour transmettre à la postérité la reconnaissance des Rémois. Disons plus, pourquoi négliger les fontaines comme on le fait malheureusement depuis plusieurs années? Les raisons qui les ont fait établir et qui ont fait bénir le chanoine Godinot existent encore: les eaux des puits sont toujours les mêmes et portent encore avec elles le germe des maladies qui disparurent presque totalement depuis que les eaux de la Vesle coulent dans nos murs.

En 1800, l'an IX. de la république, la municipalité s'est aperçue qu'il y avait de l'ingratitude à ne pas faire connaître aux étrangers et à la génération nouvelle, le bienfaiteur des Rémois; et pour réparer une aussi coupable injustice, elle fit peindre sur une table de bois l'inscription suivante, qu'on plaça à la fontaine Puisieulx, plus connue sous le nom de fontaine St-Maurice.

A la mémoire de JEAN-GODINOT;
Né à Reims, en MDCLXI.
Citoyen généreux,
Il créa de ses propres deniers
De nombreux établissemens de charité,
Et mit le comble à ses bienfaits
En faisant couler dans nos murs
Les eaux salutaires de la Vesle,
L'an MDCCXXXXVII.
Les Rémois reconnaissans.

Mais, était-ce bien le bois qu'il fallait employer pour faire connaître des bienfaits aussi utiles, aussi avantageux? Non! c'était sur le marbre, c'était sur le bronze qu'il fallait graver les sentimens de notre éternelle reconnaissance. . . . .
Espérons qu'un jour, et ce jour n'est peut-être pas éloigné, qu'une administration municipale réparera toutes nos injustices et rendra à la mémoire de l'immortel Godinot, les hommages justes et bien mérités qui sont dûs à l'ami et au bienfaiteur de son pays.

La conduite vraiment condamnable de plusieurs chanoines de Reims, contre leur confrère Jean GODINOT, ayant excité un mécontentement général; des personnes d'esprit qui, réunies chez M. Félix De La Salle de Gondreville, venaient d'établir, en 1749, une société littéraire, saisirent cette occasion et firent paraître contre ces chanoines et d'autres prêtres, des vers trop méchants, et trop satiriques. Les amis des chanoines attaqués les défendirent et des pièces de vers écrites de part et d'autre, les curieux en firent un recueil qu'ils nommèrent *Godiniana*. C'est de ce recueil resté *manuscrit* que nous avons extrait l'ode suivante, qui, nous en sommes persuadés, sera lue avec plaisir. M. Clicquot Blervache, qui en est l'auteur, et MM. Félix De La Salle, Tinois, Jobart, Bergeronneau, médecin; Sutaine-Bouron, Sutaine-Hibert, Vuarin, graveur; Delaître, libraire; l'abbé Talon; maître de musique; l'abbé Anquetil, l'abbé Bergeat, Chrétien, chirurgien; Maillefer d'Agny, Dom Noel, opticien; Gosset, maître luthier, etc. etc., étaient membres de cette société.

---

(1) En 1813, on parla d'un projet d'ériger une fontaine au milieu de la Couture, dans le genre de celle des Innocens à Paris; on y aurait placé les deux statues allégoriques qui accompagnent la statue de Louis XV. sur la place Royale, et on y aurait mis le buste de l'abbé Godinot.

(2) Les inscriptions des fontaines du parvis et de l'Hôtel-Dieu, dans la rue du Puits Taira, ont été replacées en 1822, et l'inscription de la fontaine, près de la Halle St-Remi, a été rétablie sur la fin de Mai 1825, avec quelques légers changemens. Si la mairie, trop timide, n'avait pas craint l'opposition partiale et tracassière qu'elle avait contre elle dans le conseil municipal, toutes les inscriptions des fontaines auraient été dès ce moment refaites et replacées.

ODE *sur la mort de* M. Jean GODINOT.

TOI, dont l'implacable furie,
Avide de meurtre et de sang,
N'épargne ni vertu ni rang,
Pour assouvir ta barbarie,
Mort, sanguinaire déité,
Je gémis avec ma patrie
Du plus barbare coup que ta main eut porté.

AU gré de ton cruel caprice,
Farouche tyran des mortels,
Si pour honorer tes autels,
Il te manquait un sacrifice,
N'est-il plus de coupables jours
Dont nos vœux et dont la justice
Demandaient à ta faux de moissonner le cours?

MAIS dans ta fureur obstinée,
Tu ne connais point d'autres loix
Que celle du bizare choix,
D'une rage aveugle, effrenée.
Nous succombons tous sous tes coups,
Et la plus belle destinée,
Est celle dont ton bras se montre plus jaloux.

QUE dis-je? pourquoi me répandre
En regrets vains et superflus,
Et du grand homme qui n'est plus
De mes pleurs arroser la cendre?
Le plus brillant et le plus beau
De son âme pieuse et tendre,
S'est pour nous affranchi des horreurs du tombeau.

ABANDONNÉS à la nature,
Tels on voit de jeunes ormeaux,
De leurs inutiles rameaux,
N'offrir que l'informe verdure,
Qui, soumis à de tendres soins,
Eussent été par la culture
De nos délassemens les utiles témoins.

AINSI l'orphelin, dont l'enfance,
Victime d'un sort douloureux,
Gémit sous le joug rigoureux,
D'une involontaire ignorance,
Etayé du ferme soutien
D'une généreuse assistance,
Eut été comme nous utile citoyen.

DE cette triste et dure offense
Allégeant le pénible faix,
Par d'impérissables bienfaits,
Il a pris en main sa défense (1).
Dès-lors, affranchi du lien
Où le captivait l'indigence,
Le pauvre instruit peut vivre honnête homme et chrétien.

ETAIT-CE à son âme attendrie
Sur nos maux et sur nos excès,
Assez de ces premiers essais
De ses bontés pour la patrie?
Non, il arme encor sa pitié
Contre un monstre dont la furie
Attaque des mortels la plus belle moitié (2).

A ses victimes déplorables,
D'un mal contre elle conjuré,
Il ouvre un asyle assuré,
Par des dons à jamais durables :
Ainsi ne bornant point le cours
De ses bontés inaltérables,
Il veut les prolonger au-delà de ses jours.

IL consacre à l'Être-Suprême,
Ornant son auguste séjour (3),
Ces biens qu'il tient de son amour,
Ces biens qu'il n'eut pas pour lui même :
C'est par cet emploi solennel
Qu'un cœur qui l'adore et qui l'aime
Reconnait les bienfaits qu'il tient de l'Eternel.

A son eau pure et salutaire (4)
Assignant des chemins nouveaux,
De nos besoins, par ses travaux,
Il rend la Vesle tributaire :
Et son cœur toujours généreux,
Force la nature contraire,
La soumet à nous faire un destin plus heureux.

CONTRE l'inévitable piége,
Dont la mort menace nos jours,
Pour les hommes d'un tel secours
N'est-il donc point de privilége?
Non, la vertu n'a point de droits
Sur son pouvoir qui nous assiége;
Et jusque sur le trône elle attaque les Rois.

DE fleurs allons couvrir sa cendre,
Nous de ses biens usufruitiers,
Nous qu'il fait encore héritiers
De ceux qu'il n'a pu nous répandre.
Par un immortel souvenir,
D'un citoyen si bon, si tendre,
Consacrons la mémoire aux siècles à venir.

DANS ce moment toujours terrible,
Où se séparant de son corps,
On voit l'esprit avec efforts
Secouer sa chaîne pénible;
Le sien avec tranquillité
Toujours serein, toujours paisible,
S'envola dans le sein de la Divinité.

TEL un fleuve sur son passage
Qui répand la fécondité,
Après, de son cours respecté,
Avoir fait un si noble usage,
Va remettre ses flots chéris,
Comme un dernier et juste hommage,
Au vaste réservoir dont ils étaient sortis.

AINSI sa grande âme asservie
Au bien, aux lois, à la vertu,
Qui seuls ourdirent le tissu
De son auguste et sainte vie,
Se rend avec sécurité,
Tendant vers le Dieu qu'elle envie,
Dans le vaste Océan de son immensité.

GRAND Dieu, qui, pour servir d'exemple,
En a fait présent aux mortels,
Pour le culte de tes autels
Et pour la gloire de ton temple;
Tu le couvres de ta splendeur
Dans ce séjour où te contemple,
De tes saints éprouvés l'immortelle grandeur.

---

(1) Il a augmenté le nombre des Ecoles Chrétiennes.

(2) Il a fondé un hôpital pour les femmes attaquées de cancer.

(3) Il a décoré et embelli le chœur de l'Eglise Métropolitaine.

(4) Les fontaines de la ville.

Fin

www.ingramcontent.com/pod-product-compliance
Ingram Content Group UK Ltd.
Pitfield, Milton Keynes, MK11 3LW, UK
UKHW020403230726
13925UKWH00003B/1238

9 782013 668972